밀양아리랑,
유성기 음반으로 듣다
(1945년 이전)

일러두기

- 곡명은 따옴표(' '), 노랫말은 쌍따옴표(" "), 앨범명은 겹꺾쇠표(《 》), 도서 및 신문, 잡지는 겹낫표(『 』), 영화 · 전시 · 강연 · 방송 매체 등은 홑꺾쇠표(〈 〉)로 표기했다.
- 곡 제목은 앨범에 수록된 표기법을 따랐다.
- 노랫말은 앨범에 수록된 가사지를 그대로 인용하였으나, 가사지가 없는 경우 채록하는 과정에서 청자에 따라 다르게 들릴 수 있음을 명시한다.

밀양아리랑,
유성기 음반으로 듣다

(1945년 이전)

태림스코어

머
리
말

첫 번째 책 『우리가 몰랐던 국악음반 이야기』를 출간한 지 4년이 흘렀다. 그리고 두 번째 책을 마무리하는 도중에 희소식이 들려왔다. '밀양아리랑'이 경상남도의 무형유산으로 지정되었다고 한다. '정선아리랑'(아라리), '진도아리랑'과 더불어 '밀양아리랑'이 우리나라의 3대 '아리랑'으로 공식적으로 우뚝 선 것이다. 이즈음에 '밀양아리랑'과 관련된 책을 출판하게 되어 기쁜 마음이다.

국악계 원로이신 한명희 선생(전 국립국악원장, 이미시문화서원 원장)은 "사람이 태어나 적어도 열 권 정도의 책을 남겨야 한다."고 했다. 나의 두 번째, 세 번째 책을 구상하고 있었지만, 판매에 대한 걱정으로 진척이 없었던 즈음에 경기음악연구회 전병훈 이사장(경기 소리꾼)에게 연락이 왔다. 내 고민을 이전에 들었는지 서울문화재단에서 〈2024 원로 예술 지원 사업〉 공모가 있으니 신청해 보라는 권유였다. 여러 공모 사업에 신청할 기회가 있었으나 나로 인해 젊은이들의 기회를 빼앗을 것 같아 시도하지 않았는데 서울문화재단의 공모 사업은 원로 예술인을 위한 사업이고, 책 출간도 포함되어 있어 신청해 보았다. 운이 좋게도 선정이 되어 이렇게 두 번째 책을 출간할 기회를 얻게 되었다.

  필자는 우리 민족의 노래인 '아리랑' 음악을 집대성하여 일목요연하게 감상할 수 있는 곳이 하나는 있어야 한다는 신념 아래 2018년부터 '이 세상에 음반으로 나온 모든 아리랑을...'이라는 슬로건으로 유튜브에 〈정창관의 아리랑 1〉 채널을 개설하여 '아리랑' 음악을 올리고 있다. 2026년 10월 1일 나운규의 영화 〈아리랑〉이 선보인지 100년이 되는 기념일 전에 5,000곡의 '아리랑'을 올린다는 목표 아래 전 세계에서 출반된 '아리랑' 음반을 찾고 있다. 그 결과 현재 4,700여 곡의 '아리랑'이 올라가 있다.

  '아리랑' 음악을 수집ㆍ정리하고 유튜브에 올리면서 몇 가지 사실을 발견하였다. 첫째, 나운규의 '본조아리랑'은 일제 강점기 조선과 일본 사이에서 서로 영향을 주고받으면서 변해 왔다. 둘째, 우리가 현재 모여서 부르는 '아리랑'은 나운규의 '본조아리랑'에서 출발했지만 계속 변화했으며 그 변화는 1950년대 대중가요 작곡자들이 편곡자로 참여하여 완성된 것이다. 셋째, 많은 '아리랑' 음반이 일본에서 출반되었고 지금도 출반되고 있다. '아리랑'이 일본의 민요로 간주되어 출반된 음반도 제법 있다. 넷째, 음반사적으로 판단하여 '본조아리랑'보다 주요한 '아리랑'이 '밀양아리랑'이다. 일제 강점기에 출반된 '아리랑' 음반[•]이 약 155종, 그중 '밀양아리랑' 음반은 25종, 16%로 가장 많다.

여기에 주목하여 '밀양아리랑'에 관한 책을 집필하였다. 이 책은 일제 강점기에 출반된 25종의 《밀양아리랑》 음반과 MBC가 1990년대에 전국에서 채록한 '밀양아리랑'을 소개하고 있다. 1945년 해방 이후에서 1960년대 초까지 출반된 《밀양아리랑》 유성기 음반도 포함하고 싶었지만 해방 이후에는 《밀양아리랑》 유성기 음반이 몇 장 출반되었는지 그 목록이 명확히 정리되어 있지 않아 이건 아쉽게도 다음을 기약해야 할 것 같다.

책은 필자가 운영하는 유튜브 〈정창관의 아리랑 1〉 채널과 웹사이트 〈정창관의 국악 CD 음반 세계〉와 연결하여 QR코드로 직접 음악을 감상하면서 들을 수 있고, 필자가 영국에서 제작한 《1926년 미량아라니량(밀양아리랑)》 유성기 음반의 복제품도 감상할 수 있다. MBC 채록 '밀

● 필자 목록 정리

양아리랑' 음원은 최상일 PD가 운영하는 〈한국 민요 대전〉을 통하여 모두 감상할 수 있다. 링크를 허락해 준 최상일 PD에게 고마움을 전한다.

도와주신 분이 여럿 있다. 필자는 국악 애호가라고 자칭하지만 국악인도 아니고 국악을 정식으로 배운 적이 없으며 어떤 국악기도 연주하지 못한다. 음악은 좋아하지만 음악을 분석하는 능력은 없어 부탁하였다. '밀양아리랑'의 음악적 분석을 보내준 전병훈(경기음악연구회 이사장), 최종적으로 가사 채록을 도와준 양정환(한국고음반연구회 회원), 표지에 실린 라벨 작업을 해준 허갑균(인쇄 출판 무송 대표) 님에게 고마움을 전한다. 특히 〈한국 유성기 음반〉 사이트를 운영하고 책『한국 유성기 음반 문화사』를 출간한 배연형 선생께 감사드린다. 위 사이트와 책이 없었다면 이 책의 출간은 불가능했을 것이다. 또, 이 책의 출판을 도와준 ㈜태림스코어에도 감사의 마음을 전한다.

아울러 격려해 준 아내 송유진, 아들 인용, 올해 시집간 딸 주혜에게 고마움을 전한다.

나는 이제 두 번째 발을 내디딘 것이다. 열 걸음을 향하여 힘차게 나아가려 한다.

2024년 11월 어느 날 서울 노원구 월계동에서.

목차

2장) MBC 채록 밀양아리랑 음원 ⋯⋯⋯⋯ 132

밀양아리랑,
유성기 음반으로 듣다 (1945년 이전)

1장

일제 강점기 유성기 음반으로 듣는
미량아라니량 (밀양아리랑)

일제 강점기 유성기 음반으로 듣는
미량아라니량 (밀양아리랑)

노래 '아리랑' 역사에 있어 나운규의 영화 〈아리랑〉이 상영된 1926년 10월 1일은 매우 중요하다. 그러나 '아리랑' 음반사에 있어서는 그해 9월 26일 일츅죠션소리반으로 출반된 《미량아라니량》 유성기 음반이 중요하다. 나운규의 영화에 나오는 '아리랑' 노래는 2년 5개월이 지난 1929년 2월에 Columbia사에서 영화 설명 《아리랑》이라는 4면의 유성기 음반(Columbia 40002 & 40003-A, B)에 처음 나타난다. 이 중에서 3면 (40003-A면) 변사 성동호 선생의 설명에 이어 유경이 가수가 부르는 22초 정도와 4면(40003-B) 48초 정도의 '아리랑'이 나운규 '아리랑' 노래의 첫 모습이다. 그 이후 1930년 1월 유행가 가수 채동원이 부르는 유행가 '아리랑'을 선두로 많은 '아리랑' 음반들이 출현한다.

일제 강점기에 출반된 '밀양아리랑'은 18종이다. 또, 일제 강점기에 출반된 4종의 '아리아리랑'도 '밀양아리랑'이고, '날 좀 보소' 음반 3종도 '밀양아리랑' 노래이다. 합치면 총 25종에 달한다.

이에 반해 일제 강점기에 출반된 '진도아리랑' 유성기 음반은 3종이며, '정선아라리'라고 명기된 유성기 음반은 없다. 다만 '강원도아리랑'으로 출반되었지만 '정선아라리류'라고 간주할 수 있는 음반이 2종 정도 된다. '본조아리랑'은 1930년 이후 일제 강점기 동안 변하여 나타나기 때문에 몇 종으로 단언하기는 어렵지만 '밀양아리랑' 음반 25종을 넘지는 않을 것 같다.

'밀양아리랑' 음반 총 25종 중에서 아직 발견되지 않은 유성기 음반은 4종이다. 단독곡으로 수록된 '밀양아리랑' 음반도 있고, 일부 음반은 '창부타령', '한강수타령' 등 연곡으로 '밀양아리랑'이 수록된 음반도 있으며, '아리랑'이라는 음반명 아래 '밀양아리랑'이 포함된 음반도 있다.

이 25종 중에서 1926년 '밀양아리랑' 음반이 출반된 후 바로 다음에 '아리아리랑'이라는 이름으로 1931~1933년까지 4종이 나타난다. 그 후 '아리아리랑' 이름은 나타나지 않고 1935년 이후에 '날 좀 보소'라는 이름으로 3종의 '밀양아리랑'이 나타난다.

부제가 없는 음반도 1종 있지만, 가야금병창(7종: 잡가, 잡곡, 민요, 병창으로 기록), 잡가(4종), 민요(3종), 남도 잡가(2종), 속요(2종), 신민요(1종), 유행 소곡(1종), 만곡(1종), 하모니카 2중주(1종), 하모니카 합주(1종), 민요 만담(1종)으로 부제가 나타난다. 가야금병창 음반이 7종으로 가장 많고 기악 중에서 하모니카 연주 음반 2종이 출반된 것도 특이하다.

자세한 내용은 아래와 같다.

일제 강점기 출반 '밀양아리랑' 유성기 음반 분석

구분	음반 종류	발견 여부		단독 혹은 포함		형태		
		발견	미발견	단독곡	포함곡	노래 곡	병창	연주곡
밀양아리랑	18	15	3	13	5	13	3	2
아리아리랑	4	4	0	3	1	2	2	0
날 좀 보소	3	2	1	1	2	1	2	0
계	25	21	4	17	8	16	7	2

구분	출반사							
	일축	Colum-bia/Regal	Polydor	Victor	Taihei	Okeh	Chieron	Koral/Tombo/Deer
밀양아리랑	2	8	1	2	2	2	0	1
아리아리랑	0	0	0	0	0	0	2	2
날 좀 보소	0	1	0	0	1	1	0	0
계	2	9	1	2	3	3	2	3

* 1.5장 《청천강수, 밀양아리랑》 음반은 1.12장의 재출반으로 동일곡이지만 2종으로 계산함.

* '밀양아리랑'이 일부 포함된 곡도 노래곡으로 분류하고 설명과 노래가 수록된 음반도 노래곡으로 분류함.

'숨은 아리랑' 음반까지 포함하여 일제 강점기에 출반된 '아리랑' 유성기 음반은 모두 155종이다. 이 중 25종이 '밀양아리랑' 음반으로 16.1%에 이른다. '숨은 아리랑' 12종을 제외한다면 17.5%에 달한다. 이만큼 많이 출반된 것은 그만큼 일반 대중들이 '밀양아리랑'을 좋아하기 때문일 것이다.

1945년 이후 출반된 유성기 음반은 목록이 정리되어 있지 않지만 '밀양아리랑'(5종)이 어느 '아리랑'보다 많다. 1958년 KBS/KBC 레코드 시리즈로 12인치 LP 음반이 처음 출반할 때 20집까지 출반되었는데 그중에서 '밀양아리랑'이 5곡 수록으로 '아리랑' 3곡, '진도아리랑' 1곡보다 많다.

필자가 운영하는 유튜브 채널에는 특별히 '밀양아리랑' 음원을 먼저 찾아서 올린 것도 아닌데 '밀양아리랑'이 '본조아리랑'과 '정선아라리', '진도아리랑' 보다 현저히 많다. 그 이유는 '밀양아리랑'이 '듣기도 부담 없고 배우기도 쉽다, 경쾌하다, 선율이 복잡하지 않다.'라는 점에서 찾을 수 있을 것이다. 결국은 대중들에게 인기가 있기 때문에 출반사들이 '밀양아리랑' 음반을 많이 출반한 것이다.

　제1장에서는 일제 강점기에 출반된 25종의 '밀양아리랑' 유성기 음반을 출반 순서대로 설명한다. 그리고 마지막(1.26장)에는 필자가 일제 강점기 '밀양아리랑'과 관련된 것으로 추정하는 음반을 특별 소개한다. 1939년에 Okek에서 출반된 '파랑 치마' 노래이다.

유튜브 〈정창관의 아리랑 1〉 채널

 일러두기

- '밀양아리랑' 음반 수치는 현재까지 필자가 발견하어 집계한 수치로, 증가할 수도 있다.
- 출반 순서는 『한국 유성기 음반(1907~1945)』(한국음반아카이브연구단 刊)을 주로 참고하였다.

- 가사 채록은 많은 사람의 도움을 받아 작성하였으나 사람에 따라 다르게 들릴 수 있으며, 가사지에 나오는 가사는 가급적 그대로 인용하였다.
- 음악적 분석은 (사)경기음악연구회 전병훈 이사장이 담당하였으며, 1926년 김금화 명창의 첫 '밀양아리랑'을 기준으로 그 이후 '밀양아리랑'과 비교하여 분석하였다.
- 수록한 사진의 상당 부분은 AI 이미지 향상 프로그램을 사용하여 완성하였다.

1.1 1926년 미량아라니량
(남도 잡가)

노래 김금화
장고 박춘재(일츅죠선소리반 K588-B)

1926년 9월 26일 『매일신보』 광고로 처음 나타난 일츅죠선소리반
(K588-B) 남도 잡가 《미량아라니량》 유성기 음반이다. '미량아라니량'
은 '밀양아리랑'의 밀양 사투리로 보면 될 것 같다. 김금화 명창이 노래
하고 박춘재 명창이 장고 반주한다. 나운규의 1926년 10월 1일 영화
〈아리랑〉보다 먼저 나타난 유성기 음반에 담긴 최초의 '밀양아리랑'으
로, '아리랑' 음반사에 있어 주요한 이정표가 되는 음반이다. 이 음반의
광고에서는 남도 잡가 '밀양아리랑타령'(卯卯타령), 잡가 '밀양아리랑

타령'으로도 나타난다.

유튜브 〈정창관의 아리랑 1〉 채널 /
A7: 대구의 김금화 명창이 부르는
'밀양아리랑' 연주 시간: 2분 41초

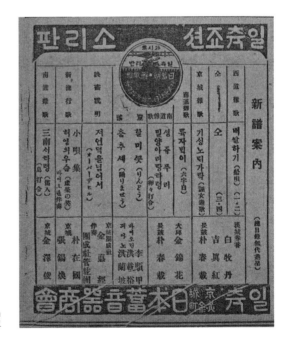

1926년 9월 26일 『매일신보』
일축죠션소리반 신보 안내 광고

가사 아리아리랑 아리아리랑(어리어리랑) 아라리가 났네
아 아리랑 얼씨구 날 넘겨 줄까

1. 문경은 새재는 왠 고개던가
   구부야 구부구부 눈물이 난다
   아리아리랑 아리아리랑 아라리가 났네
   아 아리랑 얼씨구 날 넘겨 줄까

2. 정든 님 오시는데 인사를 못해
   행주치마 입에 물고 입만 방긋
   아리아리랑 아리아리랑 아라리가 났네
   아 아리랑 얼씨구 날 넘겨 줄까

3. 니가 잘나 내가 잘나 그 누가 잘나
   구리백통 지전이라 니 잘났네
   아리아리랑 아리아리랑 아라리가 났네
   아 아리랑 얼씨구 날 넘겨줄까

4. 저 건너 저 산은 지중산이드냐
   오 동지 섣달에 꽃놀이 든다
   아리아리랑 아리아리랑 아라리가 났네
   아 아리랑 얼씨구 날 넘겨줄까

5. 아나 장돌기 힘 좋다더냐
   올거나 벌면서 몸 풀어보자

밀양아리랑, 유성기 음반으로 듣다(1945년 이전)

아리아리랑 아리아리랑 아라리가 났네
아 아리랑 얼씨구 날 넘겨줄까

– 끝 –

    1926년 가사에서는 현재 우리가 부르는 '밀양아리랑'의 "스리스리랑"
이 나타나지 않고 유명한 "날 좀 보소 날 좀 보소" 가사도 나타나지 않는
다. "스리스리랑" 가사와 "날 좀 보소" 가사는 4년 4개월 뒤 '밀양아리랑'
의 두 번째 음반인 1931년 석산월 명창이 부르는 가야금병창 '아리아리
랑'에서 처음 나타난다.

김금화 명창
출처: 송방송, 『한겨레 음악인
대사전』, 보고사, 2012.

대구 김금화라고 한 것은 김금화 명창이 대구 출신이고
활동을 대구에서 하였기 때문이며, 남도 잡가라고 한
것은 그 당시 '남도'라는 의미는 한반도 남쪽의 영남, 호
남을 망라한 것이기 때문이다. 김금화 명창은 대구 출
신으로 달성권번에서 활동하였다.
장계춘 선생을 사사하였으며 잡
가와 시조에 능하였다. 일축에서
의 한 차례 녹음으로 10여 면의 녹음을 남기고 있다.
판소리, 남도 잡가와 더불어 외국 가요 녹음도 있다.
    장고 반주를 맡은 박춘재 명창(1881~1948)은
서울에서 태어났다. '조선 제일류 가객', '우리나라

박춘재 명창
출처: 박승엽, 『무쌍 신구 잡가』,
유일서관, 1915.

재담의 시조' 등의 찬사를 받은 다재다능한 소리꾼이었다.

일본 축음기 상회는 1925년 봄 서울에서 4차 녹음을 시작한다. 일본으로의 출장 녹음과는 달리 국내 녹음은 다양한 연주자를 참여시킬 수 있었다. 4차 녹음은 전기 녹음 이전의 마지막 나팔통식 녹음으로 음질도 괜찮다. 4차 녹음은 1925~1927년 사이 일축죠선소리반으로 K501~K657까지 158종이 출반된다. 이때부터 유성기 음반에 가사지가 첨부되기 시작한다.

1926년 남도 잡가 '미량아라니량'은 필자의 〈주요 아리랑 유성기 음반 복제

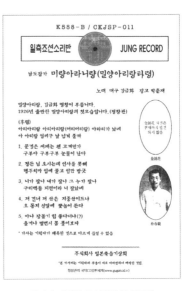

필자가 제작하여 복각반에 동봉한
새로운 가사지

사업〉의 11번째 프로젝트로, 2022년 9월에 영국에서 쪽반으로 제작해 가져왔다. 음원은 한국고음반연구회 이보형 선생의 것으로, 유성기로 재생하여 담았다고 한다. 이보형 선생의 해당 음반은 2018년 2월 국립중앙도서관에 기증되었다. 필자는 복제반의 서두에 "밀양아리랑, 김금화 명창이 부릅니다. 1926년에 출반한

실제 라벨

'밀양아리랑'의 첫 모습입니다."라고 설명을 달
았다. 21세기에 들어 유성기 음반에 소리를
남긴 첫 한국인이 아닌가 싶다.

복제 SP반 1926년 남도 잡가
'미량아라니랑' K588 B면 재생 영상

수정하여 사용한 라벨

 음악적 분석

  '밀양아리랑'의 가장 오랜 모습이다. 도입 초반부와 그 이후의 음역이
달라지는 모습을 보인다. "아리아리랑 아리아리랑"까지는 d 단조로 부
르다가, 다음 사설인 "아라리가 났네~"부터는 b 단조로 음이 낮아진다.
이같은 현상은 김금화의 '밀양아리랑' 이후 '밀양아리랑'에선 볼 수 없
고, 현행 '밀양아리랑'에서 또한 나타나지 않으므로 창자인 김금화 개인
의 특징이거나 음반 취입 당시 모종의 이유로 생겨난 현상으로 보인다.

  구성 음계는 'mi-sol-la-do-re'로 현행과 같고, 전반적인 선율 진행
또한 현행과 비슷하나, 사설에서 뚜렷한 차이를 보인다.

  20세기 초반 민요의 '절'은 창자마다, 노래마다 다양하게 붙여 불렀

으므로 이를 비교하는 것은 무의미하지만, 고정적으로 반복되는 후렴구의 사설은 비교해 보겠다.

현행 '밀양아리랑'의 후렴 사설은 "아리아리랑 스리스리랑 아라리가 났네 아리랑 고개로 넘어간다"이고, 1926년 김금화 '밀양아리랑'의 후렴 사설은 "아리아리랑 아리아리랑 아라리가 났네 아리랑 얼씨구 날 넘겨줄까"이다. 가장 눈에 띄는 차이는 "스리스리랑"의 유무인데, 1926년 김금화의 '밀양아리랑' 후렴에는 없는 "스리스리랑"이 언제부터 붙었는지는 이후 발매되는 '밀양아리랑' 음반으로 확인할 수 있다. "고개로"와 "얼씨구"의 차이도 있는데 "아리랑 얼씨구~"는 현행 '해주아리랑'의 후렴구 사설과 같다.

"아라리가 났네~"를 "났네에~" 그대로 뻗지 않고 "났네~이여"로 붙이는 모습도 현행 '밀양아리랑'의 사설과 다른 점 중 하나이다.

선율적 특징으로는 현행 '밀양아리랑'이 고음부 하행 진행 시 'la´-sol´-la´-sol´-mi´'로 sol´를 거쳐 내려오지만 1926년 김금화의 '밀양아리랑'은 'la´-sol´-la´-mi´'로 'sol´'를 생략하고 내려온다. 하행부 하행 진행 시에도 비슷한 양상을 보이는데, 현행 '밀양아리랑'이 'do´-re´-do´-la-sol-mi'로 'la-sol'을 거쳐 하행하는 반면, 1926년 김금화의 '밀양아리랑'은 'do´-do´-re´-mi-la'로 'la-sol'을 생략하고 하행한다. 경과음의 생략을 통한 도약 하행으로 음악적 긴장감이 고조되는데, 이는 세마치장단의 따-쿵, 부점 박과 조화를 이룬다.

미량아라니량

소리 : 김금화 장고 : 박춘재

ⓒ악보 채록: 전병훈

1.2 1931년 아리아리랑
(잡가)

가야금병창 석산월(Tombo 50015-B)

1931년 1월 24일 『조선일보』 광고로 처음 나타난 Tombo (50015-B)의 가야금병창 잡가 《아리아리랑》 유성기 음반이다. 석산월 명창의 가야금병창 '밀양 아리랑'이다.

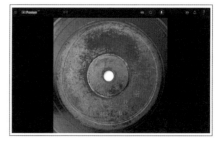

유튜브 〈정창관의 아리랑 1〉 채널 / C98: 석산월 명창의 가야금 병창 잡가 '아리아리랑' 연주 시간: 3분 14초

가사

(전주)

1. 정든 님 오시는데 인사를 못해
   행주치마 입에 물고 입만 빵긋
   아리아리랑 스리스리랑 아라리가 났네
   아리랑 고개로 냉겨냉겨 주소

(간주)

2. 문경에 실상은(새재는) 왠 고개던가
   구비구비 구비구비 눈물이 난다
   아리아리랑 스리스리랑 아라리가 났네
   아리랑 고개로 냉겨냉겨 주소

(간주)

3. 날 좀 보소 날 좀 보소 날 좀 보소
   동지섯달 꽃 본듯이 날좀 보소
   아리아리랑 스리스리랑 아라리가 났네
   아리랑 고개로 넘어넘어 간다

(간주)

4. 울 너머 갈 적에 큰 맘을 먹고
   문고리 잡고서 발발뜬다
   아리아리랑 스리스리랑 아라리가 났네

아리랑 고개로 넘어넘어 간다

(후주) - 끝 -

　　1926년 9월 26일 처음 나타난 김금화 명창의 '밀양아리랑'이 4년 4개월 뒤에 '아리아리랑'이라는 이름으로 두 번째 출반된다. 이 노래에서 "스리스리랑"과 "날 좀 보소" 가사가 처음 나타난다. '밀양아리랑' 음반사에 있어 매우 중요한 음반이다.

　　"날 좀 보소" 가사는 음반에서는 처음 나타나지만 1929년 일제 강점기 시인이자 수필가, 언론인이었던 차상찬은 그의 기행문『구슬픈 밀양아리랑』에서 "'밀양아리랑'은 특별히 어조가 구슬프고 남국의 정조를 잘 낫테낸 것..."이라고 기술하면서 처음 시작을 아래와 같이 적고 있다.

날 좀 보소 날 좀 보소 날 좀 보소
동지섯달 꽃본듯이 날 좀 보소
아리아리랑 아리아리랑 아라리가 난네
아아리랑 어얼시고 넹겨넹겨주소

　　1931년 처음 나타나는 '날 좀 보소' 가사가 1929년(잡지『별건곤』기사)에 이미 널리 알려져 있었다는 사실이다. 음반으로서는 1926년 김금화 명창의 '밀양아리랑'만 출반되었는데, 그 지역을 직접 다녀온 후 그곳에서 보고 들은 것을 기록하는 기행문에서 '밀양아리랑'을 구슬프다고 표현한 것은 밀양에 구슬픈 다른 '아리랑'이 있었는지 의심하게 한다.

이 '아리아리랑'에서 1926년 김금화의 '밀양아리랑'에 나오지 않은 "아리랑 고개"가 나타난다. 이는 나운규의 '아리랑'에서 영향을 받은 것으로 추정한다. 이후 '밀양아리랑'의 가사에서는 "아리랑 어얼쑤" 대신 "아리랑 고개"가 나타나기도 한다.

석산월 명창은 경기 소리꾼으로 한남권번에서 활동하였다. Tombo에서 두 장의 음반과 가야금병창 신민요 '아리랑'으로 녹음한 한 면이 Chieron에 남아 있다. 현재까지 알려진 사진은 없는 것 같다.

군소 음반 회사로 분류되는 Tombo(톰보레코드, 잠자리표)는 일본의 음반 회사로 1910년대부터 음반 제작을 하였다. 1931년 2월부터 전기 녹음 방식으로 한국 음악을 발매하였으며 현재 36매 정도 전해지고 있다.

1931년 1월은 1926년 9월 '밀양아리랑'이 처음 출반된 지 4년이 넘은 시기이다. 1926년 나운규의 영화 〈아리랑〉이 소개된 지 3년 4개월 후 1929년 2월에야 영화 설명《아리랑》이라는 음반이 성동호 변사의 설명과 더불어 2장 4면(Columbia 40002, 40003-A, B)으로 출반된다. 그 후 1930년 1월에 최초의 직업 가수 채동원이 부르는 유행가《아리랑》음반(Columbia 40070-A)을 시작으로 '아리랑' 음반이 본격적으로 출반된다. 이 시기를 맞추어 '밀양아리랑' 음반도 본격적으로 출반되는데 이

'아리아리랑'이 그 첫 번째 음반이다.

1929년 영화 설명 '아리랑 1.2.3.4' 음원

 음악적 분석

석산월 명창이 가야금병창으로 부르는 '아리아리랑'은 1926년 김금화의 '밀양아리랑'에 비해 부르는 속도가 다소 빠르지만 선율형과 장단, 사설 붙임 등의 음악적 특징은 서로 비슷하다.

1926년 김금화 '밀양아리랑'에선 보이지 않던 현행 '밀양아리랑'의 사설이 후렴구에서 보이는데, 석산월 '밀양아리랑'의 후렴구 사설은 다음과 같다. "아리아리랑 스리스리랑 아라리가 났네 아리랑 고개로 냉겨냉겨 주소".

1926년 김금화 '밀양아리랑'에 없던 현행 '밀양아리랑'의 "스리스리랑"이 보이고, "아리랑 고개로"도 보인다. 다만, 현행 '밀양아리랑' 후렴의 "넘겨주소"와 달리 "냉겨냉겨 주소"라고 하는데, 가사 붙임에 따른 선율 진행의 차이가 있다. 현행 '밀양아리랑' 후렴 "넘겨주소"의 선율형은 'do´-do´-re´-do´-la-sol-mi-la'로 'do´-la-sol-mi'를 거쳐 순차 하행하고, 1931년 석산월 '밀양아리랑' 후렴 "냉겨냉겨 주소"는 'do´-do´-do´-do´-mi-la'로 'do´'를 반복하다 경과음 없이 'mi'로 도약 하행한다. 이처럼 경과음 없이 도약 하행하는 양상은 1926년 김금화 '밀양아리랑'의 선율 진행과 같은 것이다. 1926년 김금화 '밀양아리랑'과 달리 후렴구 후반부 중 "아리랑 고개로"의 "고개로" 선율형이 'mi´-re´-sol´'로 상행하는데, 이는 현행 '밀양아리랑'과 같은 양상이다.

"냉겨냉겨" 사설의 'do´' 동음 진행은 가야금병창 시 가야금 연주와도 조화를 이루고 있다.

가야금병창으로 부르는 '아리아리랑'은 노래와 더불어 노래 사이마다 가야금 연주를 들을 수 있다.

1.3 1931년 아리랑집 상, 하
(만곡)

노래 박월정, 김인숙(Columbia 40156-A, B)

1931년 2월 22일『동아일보』광고로 처음 나타난 Columbia(40156-A, B)의 만곡《아리랑집》유성기 음반에 포함된 '밀양아리랑'이다. 박월정, 김인숙 명창이 부른다. 음반 A면에는 '긴아리랑', '강원도아리랑', '구아리랑'(?)을 박월정 명창이 독창으로 부르고, B면에는 지금의 '해주아리랑', '본조아리랑', '밀양아리랑'을 박월정, 김인숙 명창이 2중창으로 부른다. 마지막에 '밀양아리랑'이 수록되어 있다.

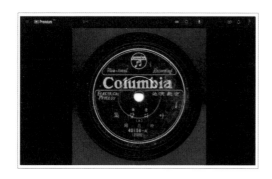

유튜브 〈정창관의 아리랑 1〉채널 /
C97: 박월정, 김인숙 명창이 부르는 만곡
《아리랑집》중 '밀양아리랑'
연주 시간: 6분 00초 중 5분 12초~끝

 가사

(5분 12초에서 시작되는 '밀양아리랑'만 채록)

아리 아리렁 아리 아리렁 아라리가 났네
아아렁 고개로 날 넘어간다

가노라 가노라 내가 돌아간다
더덜덜거리고서 돌아간다

아리 아리렁 아리 아리렁 아리랑 아라리가 낫네
아아렁 고개로 넘어간다

－ 끝 －

두 명창은 여기서 "아리랑 고개" 가사로 취입하였는데 다음(1.4장)에 소개하는 두 명창이 부르는 '밀양아리랑'에서는 "아리랑 어얼씨구"로 부른다. 같은 시기의 녹음이다.

박월정 명창
출처: 동국대학교
〈한국 유성기 음반〉 사이트

박월정 명창(예명, 1901~?)은 평안남도 출신으로 본명이 박금홍이다. 북한 지역에서 태어났지만 판소리를 학습한 후 서울에서 활동하였으며 서도 소리도 능하였다. 남성 중심의 판소리 공연 문화 속에서 1931년 여류 명창 김초향, 박록주 명창과 더불어 〈3여류 명창〉 공연을 선보인 주인공이다. 1935년에는 최초의 창작 판소리 '단종애곡'을 취입하였다. Columbia, Victor, 제비표 조선 레코드에서 시조, 잡가, 판소리, 창극 등 139면에 소리를 남기고 있다. 해방 후 북쪽에 남았으며 그 이후 행적은 알려지지 않고 있다.

김인숙 명창
출처: 동국대학교
〈한국 유성기 음반〉 사이트

김인숙 명창은 일축, Victor와 주로 Columbia에서 민요, 잡가, 가사, 유행가 등으로 48면에 소리를 남기고 있지만 신상에 대해서는 별로 알려진 바가 없다. 명창은 콜롬비아 정규반(40000~40923)에 박월정 명창과 2중창으로 14면을 취입하였다.

일본 축음기 상회에서 출반한 콜롬비아 레코드는 일제 강점기에 가장 많은 우리 음악 유성기 음반을 출반한 회사이다. 1928년 전기 녹음이 시작되면서 출발한 콜롬비아의 첫 녹음은 1928년 11월에 서울에서 이루어지고, 1929년 2월부터는 콜롬비아 정규반이 40000번부터 출반된다. 정규반은 40923을 마지막으로 1943년까지 계속되었다.

박월정, 김인숙 명창의《아리랑집》음반은 콜롬비아 정규반에 속하며, 1.4장에서 설명하는 박월정, 김인숙 명창의《밀양아리랑》음반과 같은 시기에 녹음된 것이 확실시 된다.

🌀 음악적 분석

박월정과 김인숙 명창이 여러 '아리랑'을 연곡으로 부르는데 가장 먼저 도입 부분인 후렴구 선율형이 독특하다. "아리아리렁 아리아리렁" 중 첫 "아리아리렁"에서만 'la-sol-la-do'-mi'로 마지막 음을 도약 하행시키는데 이는 1926년 김금화의 '밀양아리랑'과 1931년 석산월의 '밀양아리랑'에서는 보이지 않는 양상이다. 1926년 김금화의 '밀양아리랑'과 1931년 석산월의 '밀양아리랑', 현행 '밀양아리랑' 모두 후렴 첫머리의 "아리아리랑"은 'la-sol-la-do'-la'로, 'do'-mi'로의 도약 하행은 볼 수 없다.

1926년 김금화의 '밀양아리랑'과 1931년 석산월의 '밀양아리랑'에서 보이던 "아라리가 났네 – 이여"가 1931년 박월정과 김인숙의 '밀양아리랑'에서는 보이지 않고, 현행 '밀양아리랑'과 같이 "아라리가 났네"로 맺고 있다.

또, 박월정과 김인숙 명창의 합창 시 후렴구 사설이 서로 달라 맞지 않는 모습을 볼 수 있는데 한 사람은 "아리링 고개로만 날 넘겨주게"로, 한 사람은 "아리랑 고개로 넘어간다"로 부르고 있다. 이 두 사설 중엔 "아리랑 고개로 넘어간다"가 같으며 이를 통해 1931년 이미 '밀양아리랑' 후렴구 후반부 사설이 현행과 같은 모습으로 불렸음을 알 수 있다.

동시대의 창자가 함께 음원을 취입할 때에도 서로 다른 사설을 부르는 모습을 통해 그 당시 '밀양아리랑'이 창자에 따라 다양한 사설과 선율형으로 불렸음을 추측할 수 있다.

 이 음원을 유튜브 〈정창관의 아리랑 1〉 채널에 올리게 된 사연

이 음반은 한국고음반연구회 회장 이보형 선생이 가지고 있었다. 당시 필자는 부회장이어서 선생이 가지고 있는 자료를 부탁드리면 언제나 흔쾌히 내어주셨다. 그러다 선생이 2018년에 음반, 책 등 자료들을 모두 국립중앙도서관으로 기증하였는데 기증 후 이 '아리랑' 음원을 얻으려고 도서관과 접촉했으나 불가능하다고 했다. 도서관에 와서 감상은 가능하나 음원을 줄 수는 없다는 것이었다. 기증한 이보형 선생이 직접 사인한 자료 협조 문서를 제출하면 가능한지 문의했으나, 그것 역시 불가능하다고 했다. 계속 부탁을 하니 도서관 측에서 소리꾼의 저작권이 말소되었음을 필자가 증명해 오면 줄 수 있다는 것이었다. 그래서 소리꾼 박월정, 김인숙 명창의 생몰년대를 알기 위해 다방면으로 노력했으나 결국 포기했다.

하지만 이 음원이 1931년 출반으로 나운규 〈아리랑〉 이후 비교적 초기 음원이고, '만곡'이라는 곡도 궁금하고, 왜 '아리랑집'이라고 했을까? 라는 궁금증은 풀리지 않은 채 그렇게 '아리랑' 버킷리스트에 올려놓고 시간이 좀 지났다. 그러다 그 당시 유행가쪽 '아리랑' 음원을 찾다가 한 인터넷 카페에서 〈흘러간 옛 노래〉(현재 폐쇄)를 운영하는 인동 선생을 알게 되었다. 유행가 '아리랑' 음원을 받기도 하고 필자가 정리한 1945년 이전 모든 'SP 아리랑 목록'을 보내주기도 하였다. 그런데 인동 선생이 필자에게 공개해도 좋다고 보내준 '아리랑' 음원 중 하나가 바로 이 《아리랑집》이었다.

아, 이것이 지성이면 감천이구나! 정성을 다하니 하늘이 돕는구나... 그래서 이 《아리랑집》을 유튜브에 공개하게 된 것이다. 이제 《아리랑집》 음원을 듣기 위해 국립중앙도서관에 갈 필요가 없다. 유튜브에서 편리하게 감상하거나 활용하면 된다. 인동 선생께 감사드린다.

* 현재 국립박물관, 공립박물관에는 공개되지 않은 일제 강점기에 출반한 '아리랑' 음원이 5곡(미발견/공개되지 않은 '아리랑' 34곡 중) 있다. 사람이 바뀔 때마다 공개 요청을 하지만 아직 성과가 없다. 더 기다려본다.

1.4 1931년 밀양아리랑
(잡가)

노래 박월정, 김인숙(Columbia 40226-B)

1931년 7월 22일 『동아일보』 광고로 처음 나타난 Columbia (40226-A, B)의 잡가《밀양아리랑》유성기 음반이다. 박월정, 김인숙 명창이 같이 부르는 2중 창이다.

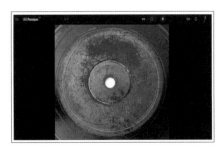

 유튜브 〈정창관의 아리랑 1〉 채널 /
C40: 박월정, 김인숙 명창이 부르는 잡가
'밀양아리랑' 연주 시간: 3분 14초

가사　아리아리랑 아리아리랑 아라리가 났네
아아리랑 어얼씨구 날 넘겨주소

1. 날 좀 보소 날 좀 보소 날 좀 보소
   동지섣달 꽃 본듯이 날 좀 보소
   아리아리랑 아리아리랑 아라리가 났네
   아아리랑 어얼씨구 날 넘겨주소

2. 문경세제는 웬 고갠가
   구부야 구부구부 눈물이 난다
   아리아리랑 아리아리랑 아라리가 났네
   아아리랑 어얼씨구 날 넘겨주소

3. 무정한 세월아 오고 가지 마라
   아까운 이네 청춘 다 늙는다
   아리아리랑 아리아리랑 아라리가 났네
   아아리랑 어얼씨구 날 넘겨주소

4. 정든 님 오시는데 인사를 못해
   행주치마 입에 물고 입만 빵긋
   아리아리랑 아리아리랑 아라리가 났네
   아아리랑 어얼씨구 날 넘겨주소

5. 연분홍 저고리 남기 속옷
   사람의 간장에 다 녹이네

아리아리랑 아리아리랑 아라리가 났네
아아리랑 어얼씨구 날 넘겨주소

6. 니가 잘나 내가 잘나 그 누가 잘나
   은전지화 구리백동 저 잘났지
   아리아리랑 아리아리랑 아라리가 났네
   아아리랑 어얼씨구 날 넘겨주소

7. 담 너머 갈 적에 큰 맘을 먹고
   문고리 휘어지고서 벌벌뜬다
   아리아리랑 아리아리랑 아라리가 났네
   아아리랑 어얼씨구 날 넘겨주소

– 끝 –

이 '밀양아리랑'에서는 나운규의 '본조아리랑' 가사에 영향을 받은 "아리랑 고개" 가사가 사라지고 1926년 김금화의 '밀양아리랑' 가사 "어얼씨구"가 나타난다.

출반 시기는 다르지만 앞에 설명한 1.3장의《아리랑집》과 같이 취입한 것이 확실하다. 소리꾼과 출반사에 대해서는 앞의 1.3장을 참고하기 바란다.

1.3장의 1931년 만곡《아리랑집》음반의 소리꾼과 같다.

우선, 본 '밀양아리랑'은 첫 절이 "날 좀 보소 날 좀 보소"로, 이는 현행 '밀양아리랑'의 절 가창 순서 중 보편적으로 알려진 것과 같다.

1931년《아리랑집》의 소리꾼과 같음에도 후렴구 사설이 다르게 나타난다. 통일된 후렴구 사설은 다음과 같다. "아리아리랑 아리아리랑 아라리가 났네 아리랑 어얼씨구 날 넘겨주게". 본 '밀양아리랑'의 후렴구 사설은 1926년 김금화의 '밀양아리랑'과 유사함을 알 수 있다.

후렴구 중 "아리랑 어얼씨구"에서 독특한 사설 붙임과 리듬형이 쓰였다. 1926년 김금화의 '밀양아리랑'과 현행 '밀양아리랑'의 두 '밀양아리랑'과 달리 "아-랑"이 아닌 "아-아리랑"의 말붙임으로 노래하고, "어-얼씨구"의 "얼씨구"를 헤미올라 리듬으로 부르고 있다. 이 부분의 선율형은 'mi´-re´-sol´-mi´'로 1926년 김금화의 '밀양아리랑'의 'mi´-re´-do´-la'와 다르고 현행 '밀양아리랑'과 같다.

이같은 양상은 후렴뿐만 아니라 절의 후반부에서도 그대로 쓰이는데, 이를 제외하면 절 부분의 음악적 특징은 1926년 김금화의 '밀양아리랑', 1931년 석산월의 '밀양아리랑'과 서로 비슷하다.

1.5 1931년 청천강슈, 밀양아리랑
(가야금 잡곡)

가야금병창 김운선(일축조선소리반 K841-B)

1931년 9월 10일『동아일보』광고로 나타난 일츅죠션소리반(K841)의 가야금병창《청천강슈, 밀양아리랑》연곡 유성기 음반이다. 김운선 명인의 가야금병창 음반이다. '청천강슈'(청천강수)는 지금의 경기 민요 '한강수타령'과

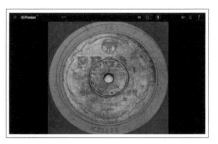

 유튜브 〈정창관의 아리랑 1〉 채널 / C39: 김운선 명인의 가야금병창 '청천강슈, 밀양아리랑'
연주 시간: 3분 27초 중 1분 34초~끝

유사하며 가야금 잡곡으로 표기한 가야금병창이다.

 가사

청천강슈
한강슈라 깁고 얏흔 물에 슈상션타고 에루화 배노리 가잔다
에랑에헤요 에헤요 에헤야 내사랑아

에랑에헤요 에헤요 에헤야 내사랑아 얼삼마 둥개듸둥 내사랑아

워라워라워라 내가 그리워라 정만히든 랑군 내가 그리워라
에랑에헤요 에헤요 에헤야 얼삼마 둥개듸둥 내사랑아

밀양아리랑 (1분 34초에서 시작)
날 좀 보소 날 좀 보소 날 좀보소
동지섯달 꽃본듯이 날 좀 보소

아리아리랑 서리서리랑 아라리가 낫네
아리랑 어얼수 넘겨쥬소

아리아리랑 서리서리랑 아라리가 낫네
아리랑 어얼수 넘겨쥬소

아리아리랑 서리서리랑 아라리가 낫네
아리랑 어얼수 넘겨쥬소

정든 님 오시는데 인사를 못해
행주치마 입에 물고 입만방긋

아리아리랑 서리서리랑 아라리가낫네
아리랑 어얼수 넘겨쥬소

– 끝 –

(Regal 가사지의 가사를 참고하여 채록함.)

본 음원은 1934년에 재출반된 Regal 음반(1.12장)에서 가져온 것으로 영상에도 Regal 라벨을 사용하면서 일축죠션소리반 K841-B 유성기 음반으로 적었다.

현재 우리가 부르는 '밀양아리랑'의 후렴구 "아리아리랑 스리스리랑 아라리가 났네"의 "스리스리랑"은 1931년 이 가사지에는 "서리서리랑" 으로 표기되어 있다.

김운선(1911~1989)은 김죽파 가야금산조를 짠 김죽파의 일제 강점기 예명이다. 전남 영암 출생으로 가야금산조의 틀을 짠 김창조 명인의 손녀이다. 11~13세까지 한성기 명인으로부터 풍류, 산조와 병창을 배웠으며, 일제 강점기 일축, Polydor, Regal 레이블로 민요, 가야금병창 음반을 남기고 있다. 1978년에 국가 무형유산 제23호 가야금산조 예능

1994년《뿌리 깊은 나무 죠선 소리 선집
- 1. 김 죽파 가야금 산조》CD 음반, 필자 소장

보유자로 지정되었으며 그의 산조는 이재숙, 김정자 교수 등으로 이어
지고 있다.

일본 콜롬비아사는 1928년 주식회사 일본 축음기 상회와 미국 콜롬
비아사의 합작 회사로 전기 기술 녹음을 도입하면서 탄생한 일본 최대
의 음반 회사이다. Columbia라는 새로운 레이블로 출반하면서 이전의
레이블인 일츅죠선소리반 레이블(K800~)도 사용하였다. 이 레이블은
Columbia의 정규반에 비해 보급반의 성격을 가지고 있었으며 1934년
에 Regal 레이블로 대체된다.

1931년《쳥쳔강슈, 밀양아리랑》(가야금 잡곡) 음반은 1934년 7월
Regal 레이블로 재발매 되었다. '밀양아리랑' 유성기 음반 중에 유일하
게 재발매된 '밀양아리랑' 음반이다(1.12장 참조).

후렴 없이 "날 좀 보소 날 좀 보소~"의 절부터 부르는데 절 후반부에 "꽃 본 듯이"를 헤미올라 리듬으로 부르고 있다. 이는 1931년 박월정, 김인숙의 '밀양아리랑'과 같은 양상이다.

후렴구 사설은 "아리아리랑 스리스리랑 아라리가 났네 / 아리랑 어얼씨구 냄겨주소"이다.

1926년 김금화의 '밀양아리랑'과 현행 '밀양아리랑'의 차별점인 "스리스리랑" 사설이 쓰였고 "아라리가 났네 – 이여"를 붙이는 것은 1926년 김금화의 '밀양아리랑'과 유사한 양상이다.

절 후반부에선 1931년 박월정, 김인숙의 '밀양아리랑'과 같이 헤미올라 리듬이 쓰였지만 후렴구 "어얼씨구"에선 다른 '밀양아리랑'들과 같이 일반적인 부점 리듬이 쓰였다. 이 부분의 선율형은 1926년 김금화의 '밀양아리랑'과 달리 현행 '밀양아리랑'과 같다.

후렴 후반부의 "냄겨쥬소"도 주목할 만하다. 1926년 김금화의 '밀양아리랑'에서 "날 넘겨줄까", 1931년 석산월의 '밀양아리랑'에서 "냉겨냉겨 주소", 1931년 '아리랑집'에서 "넘어간다" 또는 "날 넘겨주게", 1931년 박월정, 김인숙의 '밀양아리랑'에서 "날 넘겨주게"가 쓰였다. "넘어간다"가 아닌 "넘겨주게" 계통은 모두 앞에 "날"이 붙었고, 그렇지 않은 1931년 석산월의 '밀양아리랑'의 경우 "냉겨"를 두 번 반복해 "넘겨"를 붙여 부르도록 했는데, 1931년 김운선의 '밀양아리랑'은 "넘어간다"와 같이 "넘"을 길게 하여 "넘-겨-쥬소"로 부르고 있다.

1.6 1931년 아리아리랑

노래 이진봉, 이영산홍(Deer Record D21-A 7인치 음반)

1931년 11월 24일 『조선일보』 광고로 처음 나타난 Deer Record(D21-A)의 《아리아리랑》으로 '밀양아리랑' 유성기 음반이다. 7인치 음반에 담았으며 이진봉, 이영산홍 명창이 부른다.

유튜브 〈정창관의 아리랑 1〉 채널 / C129: 이진봉, 이영산홍 명창이 부르는 '아리아리랑'과 복각 CD 내용(12번곡) 연주 시간: 1분 59초

가사

아리아리랑 스리스리랑 아라리가 났네
아아리랑 얼씨구 넘어넘어 간다

1. 정든 님 오시는데 인사를 못해
   행주치마 입에 물고 입만 빵긋
   아리아리랑 스리스리랑 아라리가 났네
   아아리랑 어얼씨구 잘 넘어 간다

2. 담 너머 갈 적에 큰 맘 먹고
   문고리(?) 잡고서 발발뜬다
   아리아리랑 스리스리랑 아라리가 났네
   아아리랑 얼씨구 잘 돌아 간다

3. 날 좀 보소 날 좀 보소 날 좀 보소
   동지섣달 꽃 본 듯이 날 좀 보소
   아리아리랑 스리스리랑 아라리가 났네
   아아리랑 고개로 날 넘겨주마

4. XXX 속정을 다들여놓고
   시어미 잡년은 나는 못살겠다
   아리리아리랑 스리스리랑 아라리가 났네
   아아리랑 얼씨구 잘 돌아간다

5. 금강산 상상봉 뛰어나가나
   XX XXX XX가나

   – 끝 –

(음질이 양호하지 못하여 채록이 미비하며 앞부분이 건너뛰어 짐작하여 채록함.)

이 음원은 2013년 한국고음반연구회가 출간한 한국 음반학 제23호의 부록 CD《한국고음반연구회 음향자료선집(20) - 아리랑, 음반으로 꽃피우다》음반의 12번 트랙에 국악음반박물관 노재명 관장 제공으로 수록되어 있다.

이진봉(1897~?) 명창은 평양 출생으로 12세에 입문하여 17세에 서울로 상경하였다. 시조, 서도 잡가, 정재에 능하였으며 다동조합에서 활동하였다. 타고난 미성은 아니지만 목 쓰는 기교만큼은 김옥엽과 이영산홍 못지않게 뛰어났다. 혹자는 이진봉 명창의 소리를 "나박김치 먹는 듯 산뜻하다."고 평가하기도

1918년 22세 때의 이진봉 명창
출처: 『조선미인보감』,
경성일보사, 1918.

했다. 30대 중반에 이 곡을 녹음하였으며 이영산홍 명창과 동향으로 네 살 연상이다. 1926년 경상방송국에서 이영산홍, 김옥엽 등과 함께 서도 소리 명창으로 활약하였고 1930년대 주로 활동한 소리꾼으로 여러 음반사에서 서도 잡가, 경기 잡가 등을 취입하였다.

이영산홍(1901~?) 명창은 평양 출신으로 이진봉, 김옥엽 등과 함께 평양에서 활동하였으며 1930년대를 전후하여 서울에서 서도 소리로 유명하였던 예인이다. 장계춘으로부터 가곡, 가사, 시조를 배웠다. 그녀는 풍부한 성량과 막힘없는 상청, 하청을 자랑하였다. 힘이 없는 듯 하면서도 자유 자재로운

1918년 18세 때의 이영산홍 명창
출처: 『조선미인보감』,
경성일보사, 1918.

타고난 목소리를 지녔다. 서도 소리가 장기이면서 민요, 잡가에도 뛰어났는데 특히 '선소리산타령'은 백미였다.

디어레코드는 사슴을 로고로 하여 1931년 11월부터 짧은 기간에 7인치(지름 17.7Cm) 음반 36종 정도를 발매하였다. 음반 크기가 작아 2분 정도의 음악을 수록하였으며 초염가반으로 출반되었다. 당시 일반 음반 가격 1원 50전의 3분의 1 가격인 50전짜리 음반이다. 디어레코드 출반 음반 중 '아리랑' 관련 곡은 이 '아리아리랑' 한 곡으로 뒷면에는 '닐리리야'가 수록되어 있다.

이진봉, 이영산홍 명창은 디어레코드의 다른 음반에 '방아타령', '양산도', '난봉가', '자진난봉가', '개성난봉가', '한강수타령' 등을 같이 녹음하였다. 녹음 당시의 소리꾼 일행으로 추정하면 장구 반주는 김옥엽 명창이 담당한 것 같다.

 음악적 분석

두 명창의 후렴구 후반부에 "잘 넘어간다", "날 넘겨주마" 등으로 서로 다르게 부르고, 1절과 2절, 4절 후렴에선 "음 얼씨고"라고 하고, 3절 후렴에선 "고개로"라고 부른다. 한 음원의 후렴에서도 서로 다른 가사가 쓰이는 만큼 당시 민요 가창에서의 형식적 자유로움을 알 수 있다.

본 '아리아리랑' 또한 1926년 김금화 명창이 부르는 '밀양아리랑'과 같이 'do´-do´-re´-do´-mi-la'로 하행 선율 진행 시 'la-sol'의 경과음 없이 도약 하행한다.

1931년 이진봉, 이영산홍 명창이 부르는 '아리아리랑'은 1931년 박월정, 김인숙 명창이 부르는 '밀양아리랑'처럼 헤미올라 리듬이 쓰이거나 독특한 선율형이 쓰이는 등의 특이점 없이 점차 현행 '밀양아리랑'의 모습과 유사해지는 양상을 보인다.

1.7 1932년 아리아리랑

(잡가)

노래 이영산홍, 김옥엽(Chieron 3-B)

1932년 7월 시에론 『매월신보』에 처음 나타난 Chieron 레이블 (3-B)의 잡가《아리아리랑》유성기 음반이다. 이영산홍과 김옥엽 명창의 노래로 가야금과 장고가 반주하고 있다. 반주자 이름은 기록에 없다.

유튜브 〈정창관의 아리랑 1〉 채널 / C41: 이영산홍, 김옥엽 명창이 부르는 잡가 '아리아리랑' 연주 시간: 2분 22초

가사

아리아리랑 스리스리랑 아라리가 났네
어어리랑 어얼씨구 날 넘겨주소

1. 나무요 나무요 솔나무요
   어린여자 분함에 장사나가나
   아리아리랑 스리스리랑 아라리가 났네
   어아리랑 어얼씨구 날 넘겨주소

2. 남듣는 사정을 이어나가나
   구부야 구부구부 눈물이 난다
   아리아리랑 아리아리랑 아라리가 났네
   아아리랑 어얼씨구 날 넘겨주소

3. 정든 님 오시는데 인사를 못해
   행주치마 입에 물고 입만 빵긋
   아리아리랑 스리스리랑 아라리가 났네
   아아리랑 어얼씨구 날 넘겨주소

4. 날 좀 보소 날 좀 보소 날 좀 보소
   동지섯달 꽃 본 듯이 날 좀 보소
   아리아리랑 스리스리랑 아라리가 났네
   어어리랑 어얼씨구 날 넘겨주소

5. 니가 잘나 내가 잘나 그 누가 잘나
   은전지화(?) 구리백동(?) 저 잘났지(?)

아리아리랑 스리스리랑 아라리가 났네
어어리랑 어얼씨구 날 넘겨주소

– 끝 –

　이영산홍 명창에 대해서는 앞 장(1.6장)에서 설명한
바 있다. 김옥엽 명창은 1901년 황해도 출신으로 기성권
번(평양 소재)에서 소리 수업을 받은 후 상경해 조선권
번에서 활동하였다. 일제 강점기 경서도 소리와 반주
자로 300면 정도의 많은 유성기 음반을 취입하였
으며 명창의 음반은 가곡, 가사, 시조에서 잡잡가,
재담 등에 이르기까지 폭넓게 나타나고 있다. 특

젊은 시절의 김옥엽 명창
출처: 동국대학교
〈한국 유성기 음반〉 사이트

히 '수심가'에 능하여 "옥엽의 수심가를 들으려면 상토 한 마지기 소출
을 행하(팁)로 따로 얹어야 들을 수 있다."는 말이 나돌 정도였다.

　시에론레코드(Chieron Record)는 1931년 11월부터 1935년 후반까
지 우리 음악을 출반한 회사이다. 레이블에 등대가 그려져 있어 등대표
음반이라고 한다. 정규반으로 Chieron 1~237종을 출반하였다. 1935년
8월부터 후기반 성격으로 Chieron 1001~ 를 출반하고 별매반 성격으
로 Chieron 501~ 를 출반하였다. 이영산홍, 김옥엽 명창이 부르는 이
《아리아리랑》은 정규반 초기에 속한다.

이 '아리아리랑'의 후렴 사설은 "아리아리랑 스리스리랑 아라리가 났네 / 아아리랑 어얼씨구 날 넘겨주소"이다.

1926년 김금화의 '밀양아리랑'과 1931년 석산월의 '밀양아리랑'에서 보이던 후렴구의 "아라리가 났네-"가 이《아리아리랑》에 다시 나타난 것인데, 1931년 이영산홍과 이진봉의 '아리아리랑'에선 "-이여" 없이 "아라리가 났네"로 나타나 이같은 특징이 부르는 사람마다 달리 나타나는 현상임을 알 수 있다.

"날 좀 보소 날 좀 보소~" 절이 첫 절에 쓰이지 않고 네 번째 절에 쓰인 것을 제외하면 음악적 특징은 다른 1931년에 나타난 '밀양아리랑'들과 비슷하다.

1.8 1933년 아리아리랑
(민요)

가야금병창 한성기(Chieron 87-B)

1933년 3월 25일 『동아일보』 광고에 처음 나타난 Chieron 레이블(87-B)의 민요《아리아리랑》가야금병창 유성기 음반이다. 한성기 명인의 가야금병창이다. 실제 이 음반에는 '아리아리랑'에 이어 2:03부터 민요 '늴늬리야'가 연곡으로 수록되어 있다. 곡명에 '늴늬리야' 표기가 빠진 것이다. '밀양아리랑'은 민요 '늴늬리야'와 음반 양면으로 혹은 연곡으로 자주 보이고 있다.

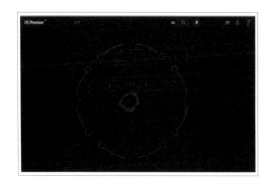

유튜브 〈정창관의 아리랑 1〉 채널 /
C76: 한성기 명인의 가야금병창
'아리아리랑, 늴늬리야'
연주 시간: 3분 16초 중 2분 02초까지

 가사

아리아리렁 스리스리렁 아라리가 났네
어어리렁 두둥얼씨구 냉겨냉겨 주소

(간주)

1. 정든 님 오시는데 인사를 못해
   행주치마 입에 물고 입만 뻥긋
   아리아리렁 스리스리렁 아라리가 났네
   어어리렁 두둥얼씨구 냉겨냉겨 주소

(간주)

2. 니가 잘나 내가 잘나 그 누가 잘나
   구리백동 지전같이 너 잘난다
   아리아리렁 스리스리렁 아라리가 났네
   어어리렁 두둥얼씨구 냉겨냉겨 주소

(간주)

3. 날 좀 보소 날 좀 보소 날 좀 보소
   동지섯달 꽃 본 듯이 날 좀 보소
   아리아리렁 스리스리렁 아라리가 났네
   어어리렁 두둥얼씨구 냉겨냉겨 주소

(간주)

이하 '늴늬리야'

– 끝 –

가야금병창의 한성기(1899~1950)는 전남 영암군 출생으로 가야금산조와 가야금병창의 명인이다. 가야금산조의 시조인 김창조 명인으로부터 산조를 배웠으며 김운선(김죽파) 명인이 그의 수제자이다. 일제 강점기 Chieron, Columbia, Victor, Tombo 등에서 많은 유성기 음반을 남기고 있으며 한성기기념사업위원회가 그의 업적을 기리고 있다.

젊은 시절의 한성기 명인
출처: 2021년 《한성기 산조 모음》
음반, 한성기기념사업회 출반

이 음반은 1931년 11월부터 발매한 Chieron 정규반 237매 중 87번째 음반이다.

별다른 전주 없이 "아리아리렁 스리스리렁 아라리가 났네 아아리렁 두둥얼씨구 냄겨냄겨 주소"의 후렴으로 시작한다. 후렴구 사설의 말붙임이 가야금 연주와 알맞게 짜였으며 특히 "두둥얼씨구"는 가야금 연주에 구음을 얹었나 싶을 정도로 잘 어울린다. 후렴구 후반부의 "냉겨 냉겨 주소"는 1931년 석산월의 '밀양아리랑'에서와 같은 모습인데, 석산월 또한 가야금병창으로 '밀양아리랑'을 불렀기에 "냉겨 냉겨 주소"가 가야금이 박을 쪼개 연주하는 것의 영향을 받은 것이라 추측할 수 있다.

또 특이한 부분으로, 남도의 판소리, 또는 산조에서 쓰이는 여러 시김새가 쓰인다는 점이다. 후렴구 "두둥 얼씨구"의 "씨"에서 'sol´'를 두 번 치켜 떨고, 1절의 "입만 빵긋"에서 'do´-mi´-do´-si-mi'로, 'do´-si'로 꺾는음을 쓰는 등이 대표적이다.

총 3절을 부르며 절 사이마다 가야금 간주가 멋스럽다. 이《아리아리랑》은 산조 연주자의 기저 음악이 반영된 독특한 매력을 지니고 있다.

1.9 1933년 밀양아리랑

(속요)

노래 이영산홍(Taihei 8060)

1933년 9월 22일 『조선일보』 광고에 처음 나타난 태평레코드(Taihei 8060)의 속요《아리아리랑》으로 '밀양아리랑' 유성기 음반이다. 이영산홍 명창이 부르고, 반주는 태평세레나더스이다.

이영산홍 명창에 대해서는 1.6장에 기술한 바 있다.

태평축음기주식회사(Taihei)는 일본 오사카에 본사를 둔 음반 회사로, 1932년 10월부터 한국 음반을 출반하기 시작하여 정규반(흑반)으로 Taihei 8001부터 349종 정도를 1937년 말까지 발매하였다. 이영산홍 명창이 부르는 1933년 속요 '밀양아리랑'은 여기에 속해 있다. 태평세레나더스 반주팀은 태평의 선속 반주팀으로 보이며 일세 강점기 Taihei 유성기 음반 9면 정도에 나타난다.

이 음원은 지금까지 공개된 적이 없으며 누가 음반을 가지고 있는지도 확인되지 않고 있다.

Taihei8060

광고
조선일보 - 1933-09-22-(02) - 태평
六回新譜
太平傑作流行歌大豪華盤
俗謠 密陽아리랑 李暎山紅 伴奏太平세레나더스
닐늬리아 金玉葉

『수림문화총서 한국 유성기 음반 목록 4권』 870쪽.

1.10 1934년 밀양아리랑
(민요)

노래 김용환, 김춘홍(Polydor 19111-B)

1934년 1월 22일 『동아일보』 광고로 처음 나타난 Polydor (19111-B)의 민요《밀양아리랑》이다. 김용환, 김춘홍 선생이 부르고 포리도루관현악단이 반주하고 있다.

 유튜브 〈정창관의 아리랑 1〉 채널 / C103: 김용환, 김춘홍 가수가 부르는 민요 '밀양아리랑' 연주 시간: 2분 58초

가사

1. 귀밑머리(?) 덮어주면 샛별이 돌고
   꽃잎따면 초승달이 품에 든만큼
   아리아리랑 아리아리랑 요네 봄이 왔네
   아리랑 이 한철 그래도 좋다

2. 우리 서로 엮은 맘은 북가닥인데
   변해질까 꼬는 마음 내맘 한 가닥
   아리아리랑 아리아리랑 요네 봄이 왔네
   아리랑 이 한철 그래도 좋다

(간주)

3. 살자구요 살자구요 선망을 놓고
   돌아지는 그 발등에 지는 그 눈물
   아리아리랑 아리아리랑 요네 봄이 왔네
   아리랑 이 한철 그래도 좋다

4. 있다가요 조금 있다 여보서요 네
   저 달가면 그 때 가요 제 맘도 지고
   아리아리랑 아리아리랑 요네 봄이 왔네
   아리랑 이 한철 그래도 좋다

– 끝 –

'민요'라고 표기되어 있지만 이전의 '밀양아리랑' 노래와는 다르게 편곡자(일본 이름: 山田英一)가 있는 신민요 '밀양아리랑'이다. 후렴구는 같이 부르지만 여, 남이 양악 반주의 돌림으로 노래한다. "스리스리랑" 가사와 "날 좀 보소" 가사가 나타나지 않고 후렴구(요네 봄이 왔네 / 이 한철 그래도 좋다)가 이전의 '밀양아리랑' 후렴구와는 다르다.

김용환(1909~1949) 선생은 함경남도 원산 출생으로 기독교인 가정에서 자라 교회를 통해 음악을 접했다. 유명한 유행가 '눈물 젖은 두만강'을 부른 가수 김정구가 그의 친형이고, 1940년 일본에서 '아리랑 이야기'(Victor 4114-B)를 출반한 김안라가 그의 여동생이다.

서민적 가수의 원조로 알려진
김용환 선생
출처: 동국대학교
〈한국 유성기 음반〉 사이트

원산 지역의 극단인 동방예술단에서 연극배우를 시작으로 연예계에 입문하였다. 1935년 잡지 『삼천리』에서 실시한 남자 가수 인기투표 2위로 선정될 정도로 인기가 높았다. 작곡가와 가수로 활동한 그는 100여 장에 이르는 유성기 음반을 취입하였다.

포리도루 『매월신보』에 실린
김춘홍 명창
출처: 동국대학교
〈한국 유성기 음반〉 사이트

김춘홍 명창은 서도 소리꾼으로 신상에 대해서는 찾지 못하였다. Victor, Polydor, Regal에서 서도 민요, 신민요, 서도 잡가, 대중 민요 등으로 31면의 유성기 음반을 남기고 있다.

일본 포리도루레코드(Polydor축음기상회)는

1927년 5월에 동경에 설립된 유럽계 음반 회사이다. 1932년 9월 한국 시장에 진출하였으며 10월부터 출반한 포리도루 정규반(19001~19482)은 6년간 482종에 이른다. 음반사적으로 중요한 《심청전전집》(22장)과 《화용도전집》(18장) 음반을 출반하였으며 '밀양아리랑' 음반으로는 1934년 김용환, 김춘홍이 부른 이 음반이 유일하다.

1934년 8월 포리도루 『매월신보』 앞장
출처: 배연형, 『한국 유성기 음반 문화사』, 지성사, 2019.

 음악적 분석

양악 반주에 맞춘 신민요이다.

민요의 5음 음계에 따르면 'mi-sol-la-do´-re´'여야 하지만 이 신민요 '밀양아리랑'은 'fa-sol-la-do′-re′′'로 'mi'를 'fa'로 올려 반주하며 부르고 있다. 민요 5음 음계에서 'fa'는 쓰이지 않기에 'la'를 'mi'로 보고 읽어 분석하면 다음과 같다.

'la'를 중심으로 하여 'la-sol-mi'의 하행 선율이 주가 되는 민요 '밀양아리랑'과 달리 'mi'를 중심으로 하고 있다. 민요 '밀양아리랑'에서의 'mi′-re′-do′-la'를 'do′-la-sol-mi'로 바꿔 원곡의 'la-sol-mi' 하행 선율을 충족시키고 있다.

이전 '밀양아리랑' 절의 선율 진행이 대체로 'la′-la′-sol′-la′-sol′-mi′′'인 반면 이 신민요는 'mi′-mi′-re′-do′'이고, 후렴구의 선율에서도 마찬가지이다.

이는 민요 '밀양아리랑'의 선율 진행을 완전 5도 또는 4도 올려 이조하고 중심음을 'la'에서 'mi'로 바꾼 것이다. 이를 쉽게 표현하면 애조가 느껴지는 단조를 밝은 분위기의 장조로 바꾸었다 정도로 말할 수 있겠다.

사설은 후렴구의 "아리아리랑 아리아리랑"을 제외하면 민요 '밀양아리랑'과 같은 부분을 찾아보기 어렵다. 남녀 교창으로 한 절씩 주고받는데, 사설 내용도 남녀의 사랑 이야기를 대화하듯 풀어내고 있다. 이는 당시 대중성을 고려한 신민요의 특징으로 볼 수 있다.

1.11 1934년 밀양아리랑
(가야금병창)

병창 김갑자(Columbia 40561-B)

1934년 3월 14일 『동아일보』, 『매일신보』, 『조선일보』 광고에 처음 나타난 콜롬비아 레이블(40561-B)의 가야금병창 《밀양아리랑》 유성기 음반이다. 김갑자 명인이 가야금병창 한다.

유튜브 〈정창관의 아리랑 1〉 채널 / C11: 김갑자 명창의 가야금병창 '밀양아리랑'과 복각 CD 내용(7번곡)
연주 시간: 3분 18초

가사

1. 문경사재는 웬고갠지
   구부야 구부야 눈물이난다
   아리랑 아리랑 아라리요
   아리랑고개로 넘어간다

2. 진쥬덕산에 싸리나무
   꽃감꼬치로 다나가네
   아리랑 아리랑 아라리요
   아리랑고개로 넘어간다

(간주)

3. 문경사재는 웬고갠지
   구부야 구부야 눈물이나네
   아리랑 아리랑 아라리요
   아리랑고개로 넘어가자

4. 오리며 나리며 잔깃침소래
   열여천향이도 사차불피
   아리랑 아리랑 아라리요
   아리랑고개로 넘어간다

(간주)

5. 물은 흘너서 어데로 가며
   돌고 돌아도 끝이 업네

아리랑 아리랑 아라리요
아리랑고개로 넘어간다

– 끝–

(가사지를 참조하여 채록함.)

　김갑자 명인에 대해서는 별로 알려진 것이 없다. 김갑자와 김갑순(남자)은 남매 지간으로 추정되며 김갑자 명인은 콜롬비아 레이블로 23종의 가야금병창 음반을 남기고 있다.

　이 '아리랑'은 1995년 LG미디어가 시리즈로 출반한 콜롬비아유성기 음반 3 – 가야금과 바이올린의 만남《김갑자, 김갑순》CD 음반 7번 트랙에 경상도 민요로 복각되어 있다. LG미디어는 일본 콜롬비아로부터 양질의 DAT테이프를 인수하여 복각하였기 때문에 음질이 매우 양호하다.

　이 음반은 Columbia사가 1929년부터 검은색 바탕의 금박 글씨로 인쇄한 레이블의 정규반 40000~40913에 속해 있다. 정규반은 회사의 주력 상표로 콜롬비아사의 정규반은 일제 강점기에 단일 상표로는 최대의 유성기 음반을 출반하였다.

　김갑자 명인이 부르는 '밀양아리랑'은 미스터리하다. 아무리 들어도 '밀양아리랑' 같은 맛이 나지 않는다. 잘못된 음원으로 복각한 것이 아닌지 의심스러워 조사를 한 적이 있지만 확인한 가사지에 가사 내용이 음원과 일치하기 때문에 '밀양아리랑'으로 출반된 것은 확실하다. 음악적 분석을 한 전병훈 소리꾼은 이 '아리랑'에 대해 "남도창을 하는 소리꾼이 '경기아리랑'을 부르고 있는 느낌이다."라고 하였다.

1934년이라면 이미 '밀양아리랑'과 '아리아리랑' 음반이 여러 장 출반된 시점인데 왜 이 '아리랑'을 '밀양아리랑'이라고 명명했는지 연구가 이루어지면 좋겠다.

음악적 분석

음반명이 '밀양아리랑'일뿐 지금까지 알려진 '밀양아리랑'과는 음악적 유사성이 거의 없는데, 이를 분석해 보면 '본조아리랑'이라고 하는 현행 '경기아리랑'의 선율 진행, 사설 붙임과 유사함을 알 수 있다.

'본아리랑' 후렴 전반부 선율은 'mi-la-do´-si-do´-mi´-do´-si-la-mi', '경기아리랑'의 후렴 전반부 선율은 'sol-do´-re´-mi´-re´-mi´-do´-sol'이다.

'본아리랑' 후렴 후반부 선율은 'la-la-do´-si-do´-la-mi-la-la-do´-la', '경기아리랑'의 후렴 후반부 선율은 'do´-do´-re´-mi´-do´-sol-do´-re´-do´-do´'이다.

'본아리랑' 절 전반부 선율은 'mi´-mi´-mi´-do´-si-la-do´-si-la-mi-mi', '경기아리랑'의 절 전반부 선율은 'sol´-sol´-sol´-mi´-re´-

mi´-re´-mi´-do´-la-sol'이다.

'본아리랑' 절 후반부 선율은 'la-la-do´-si-la-mi-la-la-do´-la-la', '경기아리랑'의 절 후반부 선율은 'do´-do´-re´-mi´-re´-do´-sol-do´-re´-do´-do'이다.

'경기아리랑'과 유사성은 가야금 전주 선율에서도 보인다. 전주 후반부에서 'do´-si´-la-mi-la-la-si-la-la'가 쓰이는데, 이는 'mi´-re´-do´-sol-do´-re´-do´-do'와 같다.

1.12 1934년 청천강슈, 밀양아리랑
(가야금 잡곡)

가야금병창 김운선(Regal C103-B)

1934년 7월 『매월신보』에 나타난 Regal(C103-B)의 가야금병창 《청천강슈, 밀양아리랑》 연곡 유성기 음반이다. 김운선 명인의 가야금병창 음반으로 1931년 출반한 일츅죠선소리반 K841-B의 재출반이다(1.5장).

 유튜브 〈정창관의 아리랑 1〉 채널 / C126: 김운선 명인의 가야금병창 '청천강슈, 밀양아리랑'
연주 시간: 3분 27초 중 1분 34초~끝

가사

청천강슈

한강슈라 깁고 앗흔 물에 슈상션타고 에루화 배노리 가잔다

에랑에헤요 에헤요 에헤야 내사랑아

에랑에헤요 에헤요 에헤야 내사랑아 얼삼마 둥개듸둥 내사랑아

워라워라워라 내가 그리워라 정만히든 랑군 내가 그리워라

에랑에헤요 에헤요 에헤야 얼삼마 둥개듸둥 내사랑아

밀양아리랑 (1분 34초에서 시작)

날 좀 보소 날 좀 보소 날 좀보소

동지섯달 꽃본듯이 날 좀 보소

아리아리랑 서리서리랑 아라리가 낫네

아리랑 어얼수 넴겨쥬소

아리아리랑 서리서리랑 아라리가 낫네

아리랑 어얼수 넴겨쥬소

아리아리랑 서리서리랑 아라리가 낫네

아리랑 어얼수 넴겨쥬소

정든 님 오시는데 인사를 못해

행주치마 입에 물고 입만방긋

아리아리랑 서리서리랑 아라리가낫네

아리랑 어얼수 넘겨쥬소

– 끝 –

(가사지의 가사를 참고하여 채록함.)

　음질이 열악하다. 1.5장 일축의 1931년《쳥쳔강슈, 밀양아리랑》(가야금 잡곡)과 같은 음원이다. 연주자와 음악적 분석에 대해서는 1.5장의 글을 참고하기 바란다.

1.13 1934년 신밀양아리랑
(잡가)

노래 박부용(Okeh 1692-B)

1934년 7월 21일 『조선일보』 광고에 나타난 Okeh 레이블(1692-B)의 잡가《신밀양아리랑》유성기 음반이다. 박부용 명창이 오케선양교향악단의 반주로 부른다. 이전의 '밀양아리랑'과 별로 다르지 않는데 '신밀양아리랑'으로 적고 있다. '신'이 붙은 유일한 '밀양아리랑' 음반이다. 음반 라벨에는 '잡가'라고 표기되어 있지만 광고에서는 '민요'라고 적고 있다.

유튜브 〈정창관의 아리랑 1〉 채널 /
C22: 박부용 명창이 부르는 잡가 '신밀양아리랑'
라벨 출처: 〈한국 유성기 음반〉 사이트
연주 시간: 3분 02초

 가사

1. 날 좀 보소 날 좀 보소 날 좀 보소
   동지섯달 꽃 본 듯이 날 좀 보소
   아리아리랑 스리스리랑 아라리가 낫네
   아아리랑 어얼씨구 아라리로구나

2. 담 너머 갈 적에 큰 맘을 먹고
   문고리 잡고서 벌벌뜬다
   아리아리랑 스리스리랑 아라리가 났네
   아아리랑 어얼씨구 날 넘겨주소

3. 동산에 피는 꽃은 피고 싶어 펴고
   내 맘에 피는 꽃은 날안고 펴라

아리아리랑 스리스리랑 아라리가 났네
아아리랑 어얼씨구 아라리로구나

4. 정든 님 오시는데 인사를 못해
   행주처마 입에 물고 입만 뻥긋
   아리아리랑 스리스리랑 아라리가 났네
   아아리랑 어얼씨구 나는 돌아간다

– 끝 –

1918년 17세 때의 박부용 명창
출처: 『조선 미인 보감』,
경성일보사, 1918.

박부용 명창은 1901년 경남 창원에서 태어났다. 소녀 가장으로 힘든 어린 시절을 보내다가 12세에 서울 광교 조합에 이름을 올리게 된다. 가곡, 가사, 경서도 잡가, 정재무, 춘앵무 등에 능하며, 한성권번에서 활동하였다. 1933년에 오케레코드로 발탁이 되어 주로 Okeh 등에서 100여 면 이상의 음반에 경기 잡가, 서도 잡가, 경기 민요, 신민요, 대중 민요, 가사 등을 남기고 있다.

오케레코드는 1933년 2월부터 한국 음악 음반을 출반하였다. 일매 정가 1원이라는 저가 정책을 펼치면서 대중적인 인기를 누렸던 음반사이다. 일제 강점기 음반 발매량에 있어서는 콜롬비아(약 1,470장)에 이은 두

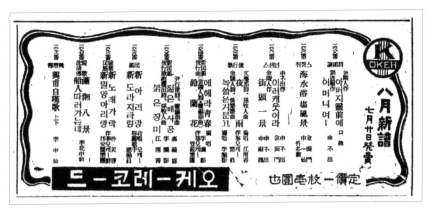

1934년 7월 오케레코드 8월 신보 공고: 박부용의 '신밀양아리랑'이 수록됨
출처: 〈한국 유성기 음반〉 사이트

번째 음반사이다. 음반 번호 체계가 좀 복잡하지만 1500~1999번으로 출반한 500종이 정규반으로 1937년 5월까지 4, 5년 정도 지속되었다. 검정 바탕의 금박으로 인쇄한 흑반이다.

이 음원은 1991년 신나라레코드의 국악 음반 시리즈 1번 민족의 노래《아리랑 I》(SYNCD-001)로 복각되었다. 11번 트랙에 수록되어 있다. 이 음반에는 14종의 '아리랑' 관련 음원이 수록되어 있다. 이후 신나라 레코드는 '아리랑' 관련 음반으로《한반도의 아리랑》,《해외 동포 아리랑》,《일본으로 간 아리랑》,《북한아리랑》 등 귀중한 음반들을 많이 출반하였다. 이 음반은 지금 쉽게 보기 어렵지만 보이면 무조건 구해야 할 '아리랑' 음반이다.

1991년 신나라 출반의 복각 CD
《민족의 노래 – 아리랑 I》 내용

 음악적 분석

　1934년 김용환, 김춘홍의 '밀양아리랑'과 음악적 특징이 동일하다. 다만, 김용환, 김춘홍이 다분히 대중가요적인 창법과 음색으로 노래를 불렀다면, 박부용은 전통 소리 명창으로서 민요 창법으로 소리를 하고 있다.

　반주 구성 또한 김용환, 김춘홍의 '밀양아리랑'은 양악 반주로 되어 있고 1934년 박부용의 '신밀양아리랑'은 가야금이 편성되어 선양악˙ 구성으로 반주하고 있다. 김용환, 김춘홍의 '밀양아리랑'의 사설이 민요 '밀양아리랑'에서 찾아볼 수 없는 대중적인 사랑 이야기로 짜여졌다면 박부용의 '신밀양아리랑'엔 "날 좀 보소 날 좀 보소~", "담 너머 갈 적에~" 등 민요 '밀양아리랑'의 사설을 그대로 붙여 부르고 있다.

˙ 일제 강점기에는 국악기와 양악기와 편성된 것을 일컬음.

1.14 1935년 밀양아리랑

(유행 소곡)

노래 전경희(Victor 49093-B)

1935년 2월 빅타 『매월신보』에 나타난 Victor 레이블(49093-B)의 유행 소곡 《밀양아리랑》 유성기 음반이다. 빅타관현악단의 반주 아래 전경희 선생이 부른다. 목록 에는 유행가, 신민요로 보여지기 도 한다.

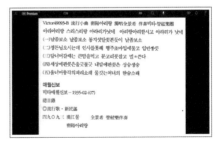

 유튜브 〈정창관의 아리랑 1〉 채널 / C38: 전경희 선생이 부르는 유행 소곡 '밀양아리랑' 연주 시간: 2분 55초

아리아리랑 스리스리랑 아라리가 낫네
아리랑 아리할시고 아라리가 낫네

1. 날 좀 보소 날 좀 보소 날 좀 보소
   동지섯달 꽃본듯이 날 좀 보소

2. 정든 님 오시는데 인사를 못해
   행주치마 입에 물고 입만 뻥긋

3. 담너머 갈 때는 큰맘을 먹고
   문고리 붓잡고 벌벌뜬다

4. 세상에 핀꽃은 울긋불긋
   내맘에 핀꽃은 싱숭생숭

5. 울너머 총각의 피리소래
   물깃는 처녀의 한숨소래

   – 끝 –

(가사지를 참조하여 채록함.)

전경희 선생은 개성 출생의 희극 배우이자 유명한 가수 이애리수의 외삼촌으로, 이애리수를 9세(1919년) 때 극단에 입단하게 하였다.

Victor에서만 넌센스, 유행가, 신민요로 8장의 음반을 남겼으며 그중 3장이 이 애리수와 같이 취입한 것이다.

빅타레코드는 콜롬비아와 더불어 한국 유성기 음반 시장의 양대 산맥을 이룬 회사로 1928년 하반기부터 우리 음악 음반을 발매하기 시작하였다. 빅타 음반은 크게 정규반(49000~49491)과 보급반(KJ 1001~1385)으로 나눈다. 빅타는 녹음 기술이 뛰어나 우수한 음질을 지니고 있어 고급반으로 인식되고 있다. 이 음반은 빅타의 정규반이다.

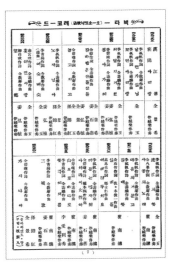

1935년 2월 빅타 『매월신보』 7쪽에 나타난 전경희의 '밀양아리랑'
출처: 동국대학교 〈한국 유성기 음반〉 사이트

음악적 분석

양악 반주 구성의 신민요인데, 앞서 분석했던 1934년 김용환, 김춘홍의 '밀양아리랑'과 1934년 박부용의 '신밀양아리랑'과는 선율 진행이 다르다.

민요 '밀양아리랑'과 유사한 선율 진행이 사용되었는데, 독특한 점은 후렴 도입 "아리아리랑 스리스리랑"에 'do' 대신 'si'가 쓰였다는 점이다. 또한 "아라리가 났네~"의 "네"에서 'sol'이 아닌 'sol#'로 올려 부른 점도 있다.

이처럼 'la´-sol´-la´-mi´-sol'의 'sol'을 반음 올려 부르는 것은 민요 '밀양아리랑'과 색다른 느낌을 주고 싶은 편곡의 의도, 또는 가수의 의도로 보인다.

가사 붙임에서도 강조된 부분이 있는데, "동지섣달 꽃 본 듯이"의 "꽃 본 듯이" 등에서 부점 리듬을 매우 강조해 부르고 있다. 이는 그가 희극 배우로 활동했던 경력을 미루어 보아 연기적 요소로 활용한 것으로 보인다.

본 '밀양아리랑'은 1934년 김용환, 김춘홍의 '밀양아리랑'과 박부용의 '신밀양아리랑'과 달리 음악 전반을 새롭게 이조한 것이 아니라 1926년 김금화의 '밀양아리랑'과 같은 민요 '밀양아리랑'의 음악적 구조를 그대로 유지한 채 특정 음을 반음 올리거나 내려 민요의 정형적, 고전적 분위기를 탈피하고자 한 것으로 볼 수 있다.

1.15 1935년 밀양아리랑
(속요)

/

노래 강홍식, 박월정, 강석연, 전옥(Victor 49231-B)

1935년 2월 빅타『매월신보』 15쪽에 나타난 Victor 레이블(49231-B)의 속요《밀양아리랑》유성기 음반이다. 가야금, 탐보린, 바이올린, 장고 반주로 강홍식, 박월정, 강석연, 전옥 4인이 아주

 유튜브 〈정창관의 아리랑 1〉채널 / C13: 4인이 부르는 속요 '밀양 아리랑'과 복각 CD 내용(3번곡)
연주 시간: 3분 21초

흥겹게 부르고 있다.

 가사

1. 담 너머 갈 때는 큰 맘을 먹고
   문고리 잡고서 벌벌뜬다
   아리아리랑 스리스리랑 아라리가 났네
   아리랑 고개로 넘어넘어 간다

2. 콩사자 팥사자 오늘 사자해도
   정든님 사랑은 못 사겠네
   아리아리랑 스리스리랑 아라리가 났네
   아리랑 고개로 넘어넘어 간다

3. 정든 님 오시는데 인사를 못해
   행주치마 입에 물고 입만 뻥긋
   아리아리랑 스리스리랑 아라리가 났네
   아리랑 고개로 넘어넘어 간다

4. 아서라(?) 놓아라 내가 그리하마
   대장부 삼십년 병들어간다
   아리아리랑 스리스리랑 아라리가 났네
   아리랑 고개로 넘어넘어 간다

(간주)

5. 산넘어 총각은 시집(?)가니

베짜는 처녀의 앙금소리
아리아리랑 스리스리랑 아라리가 났네
아리랑 고개로 넘어넘어 간다

3. 연분홍 저고리 남기 소매
   열두번을 죽어도 못 놓겠다
   아리아리랑 스리스리랑 아라리가 났네
   아리랑 고개로 넘어넘어 간다

– 끝 –

이 음원은 2013년 한국고음반연구회가 출간한 한국 음반학 제23호의 부록 CD 《한국고음반연구회 음향 자료 선집(20) – 아리랑, 음반으로 꽃피우다》음반의 3번 트랙에 한국고음반연구회 이보형 회장 제공으로 수록되어 있다. 이 음반은 현재 국립중앙도서관에 소장되어 있다.

강홍식(1902~1971) 선생은 평양 출생으로 일본에서 춤과 노래를 배웠고 가수 겸 영화배우로 활동하였다. 같이 부른 전옥이 그의 부인이었고, 해방 이후 북한에서 활동하였다. 영화배우 최민수의 어머니인 강효실 배우의 부친이다. 강홍식 선생은 일제 강점기 Victor, Polydor, Columbia에서 근대극, 가요극, 유행가 등으로 112여 면을 취입하였다.

강홍식 선생
출처: 동국대학교
〈한국 유성기 음반〉 사이트

1901년 출생의 박월정 명창에 대해서는 1.3장에 소개한 소리꾼을 참조 바란다.

강석연(1914~2001) 가수는 제주도에서 태어나 서울에 올라와 토월회에 입단하면서 연극 활동을 시작하였다. 극단의 막간 가수로도 활동하다가 1931년 콜롬비아사에 발탁되어 가수로 데뷔한다.

박월정 명창
출처: 동국대학교
《한국 유성기 음반》 사이트

초창기 취입한 '방랑가'와 '오동나무'가 히트하면서 본격적으로 가수로 활동한다. 여러 음반사에 180여 면을 취입하였다.

비련의 여주인공 역을 맡아 '눈물의 여왕'으로 불리웠던 전옥(예명, 1911~1974) 배우는 함경남도 함흥에서 태어났으며 본명은 전덕례이다. 토월회에서 활동 중 1927년 영화 〈낙원을 찾아서〉에서

강석연 가수
출처: 동국대학교
《한국 유성기 음반》 사이트

'전옥'이라는 예명으로 영화계에 데뷔한다. 1929년에는 토월회에서 박승희 작품의 〈아리랑 고개〉에서 주연을 맡기도 하였다. 일제 강점기 200여 면의 유성기 음반에 전옥의 이름이 기록되어 있다.

빅타는 1928년 하반기부터 1937년 말까지 496장 (Victor 49000~49495)의 정규반을 출반한다. 4인이 부르는 '밀양아리랑'은 여기에 속한다.

전옥 배우
출처: 필자가 소장한 LP
《항구의 일야》 음반 재킷

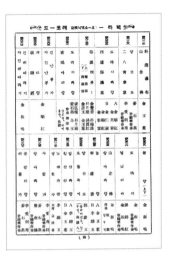

1935년 2월 빅타 『매월신보』 15쪽에 나타난
4인의 '밀양아리랑'
출처: 동국대학교 〈한국 유성기 음반〉 사이트

음악적 분석

선양악 구성으로 반주한 '밀양아리랑'이다.

이 '밀양아리랑'은 1934년 김용환, 김춘홍의 '밀양아리랑'과 박부용의 '신밀양아리랑'과 달리 민요 '밀양아리랑'의 선율 진행과 같게 부르고 있다. 다만 박월정을 제외하면 강홍식, 강석연, 전옥은 대중가요를 부르던 가수이므로 민요 느낌의 발성, 음색이 아닌 대중가요의 발성, 음색으로 불렀다는 차이가 있다.

민요 명창이 부른 '밀양아리랑'과 비교해 경과음이 다수 생략되어 있으며 시김새와 사설 붙임 또한 비교적 단조롭다. 반주 구성은 양악 중심의 신민요 반주이나 사설과 노래 곡조는 1926년 김금화의 '밀양아리랑'과 크게 다르지 않은 모습을 보이고 있다.

1.16 1935년 한강수타령, 경복궁타령, 날 좀 보소, 늴늬리아
(가야금병창)

병창 오태석(Okeh 1769-B)

1935년 3월 23일『조선일보』광고로 처음 나타난 Okeh(1769-B)의 가야금병창《한강수타령, 경복궁타령, 날좀보소, 늴늬리아》에 포함된 '날 좀 보소' 노래, '밀양아리랑'이다. 오태석 명인의 가야금병창으로 대금 김계선, 해금 김종기 명인이 반주로 참여하고 있다. 50여 초의 짧은 '밀양아리랑'이다.

유튜브 〈정창관의 아리랑 1〉 채널 /
C134: 오태석 명인의 가야금병창
'한강수타령, 경복궁타령, 날좀보소,
늴늬리아' 중 '날 좀 보소'
연주 시간: 3분 40초 중 1분 48초~2분 39초

1. 날 좀 보소 날 좀 보소 날 좀 보소
   동지섣달 꽃 본 듯이 날 좀 보소
   아리아리랑 스리스리랑 아라리가 났네
   아아리랑 어얼시고 날 넘겨주소

2. 니가 잘나 내가 잘나 그 누가 잘나
   은전지화(?) 구리백동 니 잘났네
   아리아리랑 스리스리랑 아라리가 났네
   아아리랑 어얼시고 날 넘겨주소

– 끝 –

　　오태석(1895~1953) 명인은 전남 순천에서 태어났다. 이웃에 살고 있던 판소리 동편제의 거성 송만갑 명창에게서 판소리를 배우고 김창조 명인에게서 가야금산조와 병창을 배웠다. 1923년경 상경하여 활동을 시작하면서 타고난 성량으로 판소리 성음을 가야금병창에 얹는 개혁자로

가야금병창의 명인이 되었다. 조선성악연구회와 여러 창극 단체에서 연주 활동을 하였으며 일제 강점기 유성기 음반 150면 이상에 가야금병창으로 혹은 가야금 반주자로 참여하고 있다. 전남 순천시는 오태석 명인의 생가를 복원하여 명인을 기리고 있다.

전남 순천 오태석 생가에 걸린
오태석 명인의 사진

오케레코드에 대해서는 1.13장을 참고하기 바라며 오태석 명인의《한강수타령, 경복궁타령, 날좀보소, 늴늬리아》음반은 오케 정규반에 속한다.

 음악적 분석

연곡 4곡 중 세 번째 곡으로 '경복궁타령'에 이어 "날 좀 보소 날 좀 보소~"로 '밀양아리랑'을 시작하는데, 수리성으로 밀어올리는 멋이 일품이다.

후렴구 "아리아리랑 스리스리랑"을 "아-리"의 앞 부점이 아닌 "아리-"뒤 부점으로 부르는 점이 특이하다. 현행 '밀양아리랑'과 비교했을 때, 경과음이 생략되는 등의 특징은 여전히 1926년 김금화의 '밀양아리랑'과 같은 양상으로 나타난다.

가야금병창으로 부른 1931년 석산월의 '밀양아리랑'과는 달리 후렴 후반부에 사설 박자를 쪼개지 않고 "날 넘겨주소"로 불렀는데, 이는 연주자가 연주하는 가야금 가락 차이에 기인하는 것으로 보인다.

1.17 1935년 밀양아리랑
(잡가)

노래 한경심(Columbia 40587-B)

1935년 8월 콜롬비아『매월신보』에 처음 나타난 Columbia (40587-B)의 잡가《밀양아리랑》이다. 양악 반주로 한경심 명창이 부른다.

 유튜브〈정창관의 아리랑 1〉채널 / C107: 한경심 명창이 부르는 잡가 '밀양아리랑' 연주 시간: 3분 35초

가사

1. 정든님 오시난데 인사를 못해
   행주치마 입에 물고 입만 빵긋
   아리 아리랑 쓰리 쓰리랑
   아라리가 낫네 아리랑 고개로 넘어넘어간다

2. 다틀렸네 다틀렸네 다틀렸네
   당신하고 인연되기는 다 틀렸네
   아리 아리랑 쓰리 쓰리랑
   아라리가 낫네 아리랑 고개로 넘어넘어간다

(간주)

3. 담 넘어 갈 적에 큰 마음을 먹고
   문골쇠 쥐고서는 치만 발발 떤다
   아리 아리랑 쓰리 쓰리랑
   아라리가 낫네 아리랑 고개로 넘어넘어간다

4. 원수로다 원수로다 원수로구나
   정들고 못사니 원수로구나
   아리 아리랑 쓰리 쓰리랑
   아라리가 낫네 아리랑 고개로 넘어넘어간다

(간주)

5. 네가 잘나 내가 잘나 그 뉘가 잘나
   양인이 정만 들면 다 잘났지

아리 아리랑 쓰리 쓰리랑

아라리가 낫네 아리랑 고개로 넘어넘어간다]

6. 다틀렸네 다틀렸네 다틀렸네

가마타고 시집가기는 다 틀렸네

아리 아리랑 쓰리 쓰리랑

아라리가 낫네 아리랑 고개로 넘어넘어간다

– 끝 –

(가사지를 참조하여 채록함.)

한경심 명창은 평양 출신으로 기성권번(평양)에서 활동하였다. 1933년부터 음반과 방송을 통해 활동한 서도 소리 명창으로, 일제 강점기 Columbia, Regal에서 서도 민요, 서도 잡가 등에 소리꾼과 반주자로 44면에 이름이 나타난다. 북한 민요에 이름이 나타나는 것으로 보아 해방 후 북한에서 활동한 것으로 보인다. 이은관 명창(1917~2014)은 인터뷰에서 한경심 명창이 자기와 비슷한 연배라고 이야기하였지만 생몰년도를 찾지는 못했다.

콜롬비아 『매월신보』에 실린
한경심 명창
출처: 동국대학교
〈한국 유성기 음반〉 사이트

이 음반은 Columbia사가 1929년부터 검은색 바탕의 금박 글씨로 인쇄한 라벨의 정규반 40000~40913에 속해 있다.

이 음반은 콜롬비아가 매월 출간하는 1935년 『매월신보』 8월호 9쪽에 나타나지만 해당 음반의 가사지 하단에는 소화 10년(1935년) 1월 20일 발행일로 기록되어 있다. 이 일자가 더 정확할 수 있지만 출반일자의 일관성을 유지하기 위해 광고가 처음 나타나는 일자, 해당 회사의 신보 뉴스(『매월신보』)에 나타나는 일자를 기준으로 기록한다.

京城長谷川町
京城黃金町六丁目
印刷所

印刷所

印刷發行
昭和十年一月二十日發行
昭和十年一月十五日印刷

위 영상에 나타난 가사지의 하단 부분
출처: 〈한국 유성기 음반〉 사이트

음악적 분석

양악 반주에 맞추어 부른 '밀양아리랑'으로 1934년 김용환, 김춘홍의 '밀양아리랑', 박부용의 '밀양아리랑'과 같은 음악적 특징을 보인다. 한경심 또한 명창으로서 활동하던 이로, 사설과 창법, 소리 구성은 민요 '밀양아리랑'의 방식으로 부르고 있다.

1.18 1935년 밀양아리랑

(하모니카 2중주)

연주 김파원, 송일항(Okeh 1835)

1935년 11월 25일 『조선일보』 광고에 처음으로 소개된 오케레코드(Okeh 1835)의 하모니카 2중주《밀양아리랑》유성기 음반이다. 김파원, 송일항 두 사람이 연주하는 하모니카 음반이다.

『수림문화총서 한국 유성기 음반 목록 4권』 870쪽.

김파원, 송일항 연주자는 오케레코드에서 3장 6면의 하모니카 2중주 음반을 출반하였으나 신상에 대해서는 알려진 것이 없다.

오케축음기상회는 정규반(흑반) 1500~1999번호로 500종 정도를 1933년 2월부터 1937년 5월까지 4년 반 사이에 출반하였다. 일본 녹음으로, 1935년 하모니카 2중주《밀양아리랑》은 여기에 속한다.

이 음원은 지금까지 공개된 적이 없으며 누가 음반을 가지고 있는지도 확인되지 않고 있다.

1.19 1936년 밀양아리랑
(민요)

/

노래 장경순(Columbia 40678-B)

1936년 6월 콜롬비아『매
월신보』에 처음 나타난
Columbia(40678-B)의 민
요《밀양아리랑》이다. 일본
콜롬비아선양악합주단 반
주로 김벽호 작사, 장경순
명창이 부른다.

 유튜브 〈정창관의 아리랑 1〉 채널 /
C26: 장경순 명창이 부르는 민요
'밀양아리랑'과 복각 CD 내용
(7번곡) 연주 시간: 3분 15초

가사

1. 날좀보소 날좀보소 오동짓달
   꽃이런듯 사리 살짝 날좀보소
   아리아리랑 스리스리랑 아라리가 낫네
   아리랑 고개로 넘어간다

2. 올제갈제 쌍긋쌍긋 웃지만말고
   이내말을 사리살짝 들어주소
   아리아리랑 스리스리랑 아라리가 낫네
   아리랑 고개로 넘어간다

(간주)

3. 쌍긋쌍긋 요사람아 들어보소
   들어보소 이내사정 들어보소
   아리아리랑 스리스리랑 아라리가 낫네
   아리랑 고개로 넘어간다

(간주)

4. 한강수라 맑은 물은 구비돌고
   휘돌아도 가는 곳은 바다라네
   아리아리랑 스리스리랑 아라리가 낫네
   아리랑 고개로 넘어간다

　　　－ 끝 －

2절과 3절 사이의 간주와 3절과 4절의 간주 및 마지막 반주가 너무 다른데 다른 녹음을 가져다 이은 느낌이다.

장경순 명창은 황해도 출신으로 경서도 민요와 잡가의 명창이다. 특히 경기 민요 '노래 가락'을 잘 불렀다 전해지고 있다. Columbia에서만 잡가, 민요로 11면의 유성기 음반을 취입하였으며 전해지는 사진은 없는 것 같다.

이 음반은 Columbia사가 1929년부터 검은색 바탕의 금박 글씨로 인쇄한 라벨의 정규반 40000~40913에 속해 있다. 반주가 음반에는 콜롬비아선양악합주단으로, 『매월신보』에는 일본콜롬비아관현악단으로 표기되어 있다.

라벨과 『매월신보』(6월) 홍보지
출처: 〈한국 유성기 음반〉 사이트

반주의 전주에서는 1934년 김용환, 김춘홍의 '밀양아리랑', 박부용의 '밀양아리랑'과 같이 'mi'를 'fa'로 올린 선율형이 쓰이는데, 노래부터는 다시 민요 '밀양아리랑'과 같이 'la´-la´-sol´-la´-mi'로 불렀다. 그 후 반주 또한 노래와 함께 민요 '밀양아리랑'과 같은 선율로 맞춰서 간다.

이처럼 1930년대 신민요에선 전통 민요를 하던 이가 양악 반주에 맞추어 부를 때 민요와 신민요 사이 음계를 오가는 양상을 종종 볼 수 있다.

1.20 1936년 밀양아리랑, 창부타령, 이화타령
(하모니카 합주)

연주 궁전하모니카밴드(Columbia 40700-A)

1936년 8월 콜롬비아 『매월신보』에 처음 나타난 하모니카 합주 《밀양아리랑, 창부타령, 이화타령》(Columbia 40700-A) 음반에 '밀양아리랑'이 연곡의 첫 곡으로 수록되어 있다. 일본 궁전하모니카밴드가 연주한다.

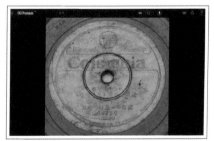

유튜브 〈정창관의 아리랑 1〉 채널 / C42: 궁전하모니카밴드가 연주하는 하모니카 합주 '밀양아리랑, 창부타령, 이화타령'
연주 시간: 3분 16초 중 초입 0분 40초

하모니카 합주곡으로 초입에서 40초 정도 연주된 후 '창부타령'으로
이어진다.

궁전하모니카밴드는 당시 60여 명으로 구성된 일본 최대의 하모니카
합주단으로, 합주단 중에서 우수한 단원 몇 명을 선발하여 녹음한 것이
다. 일제 강점기에 궁전하모니카밴드는 이 한 장(뒷면에는 '방아타령,
언문뒤풀이, 오동동추야' 연곡)의 음반에 우리 음악을 남기고 있다.

 **음악적 분석**

1934년 김용환, 김춘홍의 '밀양아리랑', 1934년 박부용의 '신밀양아
리랑', 1935년 한경심의 '밀양아리랑'과 같은 음악적 특징을 지닌 연주
곡이다.

1.21 1936년 아리랑레뷰 상, 하
(민요 만담)

만담, 노래 황재경(Columbia 40707-A, B)

1936년 11월 콜롬비아 『매월신보』에 처음 나타난 Columbia(40707-A, B)의 민요 만담 《아리랑레뷰》이다. 모두 7곡의 '아리랑'이 설명과 노래로 진행되는데 B면 첫 곡으로 '밀양아리랑'이 '영남아리랑'으로 나온다. 박경호 작으로 황재경 선생이 설명하고 노래한다.

민요 만담 형식으로 만담을 이야기하고 노래를 부른다. '고조아리랑', '함경도아리랑', '강원도아리랑'을 설명하고 노래하고, 뒷면에서는 '영남아리랑'으로 '밀양아리랑'을 소개하고 노래한다. 이어서 일본어와 영어로

'아리랑'을 부르고, 마지막에는 '토키아리랑'을 부른다,

유튜브 〈정창관의 아리랑 1〉 채널 /
C84: 황재경 선생이 만담, 노래하는
《아리랑레뷰》 7:17 중 '영남아리랑'
연주 시간: 3분 41초~4분 19초

 A면

조선강산朝鮮江山 어데를거던지 아리랑고개업는데가업스며
아리랑멜로듸가 흐르지안는곳이업다고하겟습니다 그런데 원
래原來이아리랑이 초당草堂에드러안저 태평세월泰平歲月을보
낼때는

「古調아리랑」
세월歲月네월아 가질마라 우리의청춘靑春이 다백발白髮된다
아리랑∧아라리오 아리랑띄여라 노다∧가세

이럿트니 한번세상구경世上求景을해볼생각生覺이들엇든지 집
을써난아리랑은 백두산白頭山밋헤 나물캐는아기씨들을 찻저가
게되엿습니다.

「咸鏡道아리랑」
산山마루올라서 바라를보니 아득한하눌가 힌구름날고
봉오리ㅅ 진달레붉어 마음은우노라 그리운고향故鄕
아리ㅅㅅ아라리오 아리랑고개고개로 날넘겨주게

집써난지멋날이못되여 고향故鄕이그립다고 도라오든길에
텰령鐵嶺이라는 고개를넘어서 만고강산萬古江山을잠간들렷드니

「江原道아리랑」
노다가게ㅅ 저달이지도록 노다가게
아리랑ㅅ 아라리요 아리랑얼시구 노다가게

옷자락에매여달려 노다가라고애원哀願하는소리도 드른척만척
단발령斷髮嶺을 넘으면서 단발斷髮을하고 자동차自動車에횝
싸혀 서울장안長安으로올나오드니 어느듯 활동사진活動寫眞
스크린우에 가장假裝을하고나타나게되엿습니다

「新아리랑」
풍연豊年이든다네 풍연豊年이들어 이강산삼쳘리江山三千里에
풍년豊年이와요
아리랑ㅅ 아라리요 아리랑고개로 넘어간다
인생人生의 일장一場은 춘몽중春夢中이오 이세상만사世上萬
事는 꿈밧기로다

아리랑ᄉ 아리리오 아리랑고개로 잘넘어간다

이리하야 이강산江山의 모든고개를 아니넘어본고개가업섯고 방々곡々方々谷々의열광적환熱狂的歡迎을 아니밧어본곳이업 섯것만 그역亦是고개우에자고가는 안개와갓치 한때뿐이엿습 니다

B면

흥진비래興盡悲來라 어느듯 가을바람이선듯ᄉ 불기를시작始 作하매 추풍낙엽성秋風落葉聲과함께 추풍령秋風嶺을넘어 령남 嶺南으로나려가드니

「嶺南아리랑」
서산西山에지는해는 지고십허지며 날바리고가는님은 가고십 허가나
아리ᄉ랑 스리ᄉ랑 아라리가낫네 아리랑어리힐시구 또넘어왓소

막다른골목이라 더넘어갈곳이업시 망々茫々한대해大海가가로 막히고말엇습니다 그러나 불행중다행不幸中多幸으로 레코-드 가수歌手로입선入選이되여 현해탄玄海灘도쉽사리건너게되엿 고 강호江戶에잠간머믈러 두고간님을그려 한마듸멜로듸를 레 코-드로보내엿스니

〈일본어 아리랑〉
明日は一人いづてに 戀しの君 夢に見よ
アリランヘ　アラリヨ　アリラン峠を 越え行く

동양東洋의 제일도시第一都市를 삿々치구경求景하고도 또다
시 길을떠나 태평양太平洋에 둥실쩌 동東으로ヘ 미주대륙米洲
大陸까지 무사착륙無事着陸햇다는 음보(보)音報(譜)가 영문英
文으로날어왓습니다

〈영어 아리랑〉
If I should Follow you over The Hill
My hearts desires would be Fulfilled
Arirang Arirang Arariyo Arirang Arirang Hill There you Go

이리하야 태평양太平洋을건너 우락키산山을넘어간다아리랑은
지금어데가서잇는지 소식消息을알수업서 도라오기만고대苦待
하든중中에 떠나간넘을따라 열두대문大門을열어제치고 차저
가는아리랑이 이강산에 또하나생기게되엇습니다

「토-키아리랑」
초당草堂에꽃이야 곱다만은 이모은울밧갓 맘만살난散亂
아리랑ヘ 아라리요 아리랑고개로 넘어간다
가잔다ヘ 님을따라 고개가놉하도 나는가리

아리랑ᄼ 아라리요 아리랑고개로 넘어간다

님따라 나선길 누가막나 고개가 험險한들 내안가리

아리랑ᄼ 아라리요 아리랑고개로 넘어간다

– 끝 –

(『한국 유성기 음반』 1권의 해당 음반 가사지 그대로 옮김.)

　이 음반에서 '강원도아리랑'으로 설명하는 '해주아리랑' 선율이 나오고, 일본어와 영어로 부르는 '아리랑'도 이색적이고, '영남아리랑'에서 보통 우리가 부르는 '아리랑'의 가사 "서산에 지는 해는 지고 싶어 지나"가 아니고 "서산에 지는 해는 지고 싶어 지며"라고 부르고 있다.

　황재경(1906~1984) 선생은 연희전문 영문과를 졸업하고 현재명, 홍난파, 이인범 선생과 같이 성악 활동을 하였다. 한국에 최초로 톱 악기 연주를 선보일 만큼 다재다능하며 1949년부터 미국의 소리(VOA) 라디오 방송 아나운서로 활동하였고 6·25중 인천상륙작전 성공을 최초로 육성으로 전한 아나운서로 알려져 있으며 목사로도 활동하였다. 황재경 목사는

콜롬비아 『매일신보』에 실린
황재경 선생
출처: 동국대학교
〈한국 유성기 음반〉 사이트

1984년 기독교 관련 방송에서 나의 건강 비결이라는 프로그램을 마치고 나온 뒤 쓰러져 작고한 일화를 가지고 있다. 선생은 Columbia, Regal 레이블로 만담, 근대 가곡 등으로 9장의 유성기 음반을 남기고 있다.

이 음반은 Columbia사가 1929년부터 검은색 바탕의 금박 글씨로 인쇄한 라벨의 정규반 40000~40913에 속해 있다. 황재경 선생의 《아리랑레뷰》 음반은 미국에서 재출반(Radio Central – San Francisco) 된 적이 있다. 이는 판매용이 아닌 방송용으로 제작한 것이다. 황재경 선생은 방송국 아나운서로도 활동하였으니 이 음반이 나온 것 같다.

미국에서 제작된 황재경 선생의
《아리랑레뷰》 유성기 음반
출처: 동국대학교 〈한국 유성기 음반〉 사이트

🌀 음악적 분석

B면 첫 곡으로 '영남아리랑'(밀양아리랑)을 부르는데 1934년 김용환, 김춘홍의 '밀양아리랑', 박부용의 '밀양아리랑' 등과 같이 'la′-sol′-la′-fa′′'로 'mi'를 반음 올려 부르는 선율형이다.

특이한 점은 첫 번째 절을 끝낼 때 'la′′'로 끝나야 할 음을 'si'로 올려 후렴 "아리아리랑 스리스리랑"까지 한 음 위로 전조하여 부르고, "아라리가 났네"부터는 다시 원키를 찾아 부르는 것이다. 이는 후렴을 마칠 때 같은 양상이 보이는 점, 반주 또한 함께 동조하는 점에서 의도된 편곡으로 볼 수 있다.

1.22 1937년 날 좀 보소, 도라지

(가야금병창)

병창 권농선(Regal 379-B)

1937년경 발매로 추정되는 Regal (379-B)의 가야금병창《날 좀 보소, 도라지》유성기 음반이다. 권농선 명인의 병창으로 한성준 명인의 장고 반주와 피리가 함께한다. 피리 연주자에 대해서는 기록이 없다.

유튜브 〈정창관의 아리랑 1〉 채널 /
C145: 권농선 명창의 가야금병창
'날 좀 보소, 도라지'
연주 시간: 3분 21초 중 '날 좀 보소'는 1분 23초까지

가사

날좀보소

날좀보소 날좀봐요 날좀보소

동지섯달꽃본듯이도 날좀보소

아리아리랑 스리스리랑 아라리가낫네

아리랑어리얼시고 날넘겨주소

정든님오시는데 인사를못해

행주치마입에물고서 입만빵긋

아리아리랑 스리스리랑 아라리가낫네

아리랑어리얼시고 날넘겨주소

문경아 새재는 왼고개든고

구부야구부ㅅ야 눈물이난다

아리아리랑 스리스리랑 아라리가낫네

아리랑어리얼시고 날넘겨주소

도라지 (1:24 시작)

도라지ㅅ도라지 심신산천의 백도라지

한두뿌리만 캐여도 대바구니가 칠이찰々 다넘는다

에헤요 에헤야 어야라난다 지화자々좃네

네가내간장을 슬이살々다녹인다

도라지캐려간다고 요핑게저핑게하더니

총각랑군무덤으로 삼오제지내러나간다
에헤요 에헤야 어야라난다 지화자〻좃네
네가내간장을 슬이살〻다녹인다

석탄백탄타는데는 이천만동포가다아라도
요내가슴타는줄은 웨요다지도몰으느냐
에헤요 에헤야 어야라난다 지화자〻좃네
네가내간장을 슬이살〻다녹인다

– 끝 –

(가사는 가사지 그대로 채록함.)

이 음원은 1958년 일본 Columbia에서 출반(PR-1950)한 음반에서 가져온 것이다(위 영상 참조). 전후 일본 Columbia사는 일제 강점기에 출반한 우리 음악 음반을 재출반하였다. 그 규모는 아직 파악되지 않지만 이 음반은 권농선 명창이 1937년경 출반한《날 좀 보소, 도라지》음반이 확실하다.

권농선 명창
출처: 동국대학교
〈한국 유성기 음반〉 사이트

권농선 명창에 대해서는 별로 알려진 바가 없다. 소리로 보아 가야금과 동편 소리를 익힌 명창이다.

Regal에서만 단가, 판소리, 가야금병창으로 8면의 유성기 음반을 남기고 있다.

Regal은 콜롬비아사가 출반한 일츅죠선소리반의 계승으로 가격을 낮춘 대중반, 염가반이다. 1934년 6월부터 발매를 시작하였다. 총 373장의 음반을 발매했는데 Columbia의 재발매 음반도 있고, 처음부터 Regal로 발매된 음반도 있다.

가사지 일부
출처: 동국대학교 〈한국 유성기 음반〉 사이트

음악적 분석

권농선 명창이 가야금병창으로 피리 반주에 맞추어 부르는 '밀양아리랑'이다. 진득한 남도 성음으로 불러내는 '밀양아리랑'이 멋스럽다.

권농선 '밀양아리랑'의 독특한 점은 서양 반주 없이 국악기로만 연주와 반주를 함에도 1934년 김용환, 김춘홍의 '밀양아리랑', 박부용의 '밀양아리랑' 등과 같은 신민요처럼 'mi'를 'fa'로 올려서 소리를 했다는 점이다. 즉 국악기 편성에 전통 창법으로 신민요조의 '밀양아리랑'을 불렀다고 할 수 있다.

이를 통해 당시 대중이 인식하는 '밀양아리랑'과 대중의 수요에 맞는

'밀양아리랑'이 신민요조의 '밀양아리랑'이었는지에 대한 의문을 갖게
된다.

1.23 1937년 날 좀 보소
(신민요)

노래 최남용(Taihei 8253-A)

1937년 8월 6일 『매월신보』에 나
타난 태평축음기주식회사(Taihei
8253-A)의 신민요《날 좀 보소》,
'밀양아리랑' 유성기 음반이다.
최남용 가수가 부른다.

Taihei8253

매월신보
태평매월신보 -- 1937-08-(06)
旣發賣總目錄
新民謠・流行歌
八二五三 날좀보소 崔南鏞
　　　十里고개 趙採蘭

출처:『수림문화총서『한국 유성기 음반 목록 4권』 1011쪽.

최남용 가수
출처: 동국대학교
〈한국 유성기 음반〉 사이트

최남용 선생은 1910년 개성 출생으로 채규엽(채동원)과 거의 동시대에 활동한 가수로 콜롬비아레코드사에서 채규엽과 함께 전수린 작곡의 '실버들'로 데뷔했다. 1935년부터는 태평레코드사의 전속으로 옮기면서 '흐르는 신세', '부서진 꿈' 등 많은 곡을 취입하였다. 일제 강점기 그가 부른 30여 곡의 노래가 태평음반에서, 24여 곡의 노래가 빅터음반으로 전해지고 있다. 1970년에 작고하였다.

이 음원은 지금까지 공개된 적이 없으며 누가 음반을 가지고 있는지도 확인되지 않고 있다.

1.24 1937년 밀양아리랑

(민요)

/

노래 이진홍(Taihei C-8319)

1937년 7월 처음 나타난 Taihei레이블(C-8319)의 민요《밀양아리랑》유성기 음반이다. 이진홍 명창이 부른다. 반주자 이름은 기록에 없다.

 유튜브 〈정창관의 아리랑 1〉 채널 / C12: 이진홍 명창이 부르는 민요 '밀양아리랑' 연주 시간: 2분 58초

가사

1. 날좀 보소 날좀 보소 날좀 보소
   구름 속에 달본듯이 날좀 보소
   아리아리랑 스리스리랑 아라리가 낫네
   아리랑 어얼씨구 아라리요

(간주)

2. 야속해요 야속해요 야속도 해요
   한번가서 잊힌 님이 야속해요
   아리아리랑 스리스리랑 아라리가 낫네
   아리랑 어얼씨구 아라리요

(간주)

3. 내말 듣소 내말 듣소 내말 좀 듣소
   그믐날에 궂은비에 달도 떳소
   아리아리랑 스리스리랑 아라리가 낫네
   아리랑 얼씨구 아라리요

— 끝 —

이진홍 명창
출처: 동국대학교
〈한국 유성기 음반〉 사이트

  이진홍 명창은 1907년 충남 예산에서 태어나 유년을 오산 등에서 보낸 후 상경해 장계춘, 김윤태 및 조선권번의 주수봉에게서 사계축 계통의 가사, 시조, 잡가 등을 사사받았다. 일제 강점기에 Taihei,

Victor, Kirin 레이블로 41여 면의 유성기 음반을 취입하였다.

1974년 국립극장에서 열린 〈명인 명창의 향연〉을 마지막으로 공식 무대에서 은퇴했으며 80년대 초까지 종로구 권농동에 살다가 1994년 쯤 하남에서 타계했다.

이 음반은 태평레코드가 1932년 10월부터 한국 음반을 출반하기 시작하여 정규반(흑반)으로 Taihei 8001~ 부터 349종 정도를 1937년 말까지 발매하였는데 여기에 속하고 있다.

이 음원은 1971년 일본 오케태평음향에서 출반한 12인치 LP 음반 신

1971년 오케태평음향 출반 LP 음반
출처: 필자 소장

민요《팔도미인, 백두산 바라보고》의 제1면 5번곡으로 복각되어 있다. 여기에 노래는 이향란으로, 반주는 오케관현악단으로 오기되어 있다.

이 음반의 뒷면에는 "한 번 사신 레코드는 물으거나 밧구으지는 못합니다."(오케태평레코드 영업부, 1,700엔)라고 표시되어 있다. 재미난 문구이다.

  선양악에 맞춰 부른 '밀양아리랑'으로 건반 계열 서양 악기와 국악기 (피리 대금)의 음이 조화를 이루지 못한다. 노래 또한 서양 악기에 맞춰 'mi'를 'fa'로 애매하게 올려 부른다.

  이를 완벽히 맞추지 못한 국악기에 맞춰 음이 다시 떨어지기도 한다. 이 음원에서 주목할만한 점은 앞서 분석한 거의 모든 '밀양아리랑'에서 현행과 달리 후렴과 절 마지막 부분에서 'do´-do´-re´-do´-mi-la'로 경과음이 생략된 반면 'do´-do´-re´-do´-la-sol-mi-la' 경과음이 나타난다는 점이다.

  다만, 이 경과음이 시김새의 일종으로 매우 빠르게 지나가므로 인식하기 어려울 수 있으나 1926년 김금화의 '밀양아리랑'을 시작으로 현행 '밀양아리랑'과의 차이점 중 하나인 경과음의 생략이 현행의 모습과 가까워지는 지점임은 분명하다.

1.25 1937년 밀양아리랑

(남도 잡가)

노래 최계란, 조소옥(Korai Record 1011-B)

1937년경에 고라이레코드(Korai 1011-B)에서 출반한 남도 잡가《밀양아리랑》이다. 최계란, 조소옥 명창이 부른다.

📑 **기타 군소회사 (1)**

1. Korai (고라이)

Korai 1011

　Korai 1011-A 京畿雜歌 이팔청춘가 獨唱고일심 伽倻琴최계란

　Korai 1011-B 南道雜歌 밀양아리랑 최계란 조소옥

출처: 나운영 작곡가 홈페이지

밀리온레코드의 '대구아리랑'
음반 가사지와 복제품
'대구아리랑' 감상

최계란 명창은 1920년 대구 동구 봉무동에서 태어났다. 1930년에 대구 달성권번에 들어가 강태홍 명인으로부터 가야금병창을 배웠고 1936년에 '대구아리랑'(밀리온레코드)을 발표하였다. 대구의 영남 민요 아리랑 보존회에서는 최계란 명창을 기념하여 매년 〈최계란 명창 '대구아리랑' 경창대회〉를 개최하고 있다.

조소옥 명창은 1930년대 중후반에 활동하던 여류 명창으로, 전북 남원 출신으로 정정렬 명창의 제자라는 간략한 기록이 남아 있다.

이 음원은 '한국 유성기 음반' 목록에도 나타나지 않은 음반으로 아직 공개된 적이 없다. 작곡가 나운영 선생의 홈페이지 〈작곡가 나운영의 생애와 작품〉[*]에서 확인한 음원이다.

조소옥 명창
출처: 송방송, 『한겨레
음악 대사전』, 보고사, 2012.

● www.launyung.co.kr

나운영 작곡가의 자료들은 2022년 '나운영 탄생 100주년'을 맞이하여 아르코예술기록원으로 기증되었다. 아르코예술기록원은 현재 소장 자료 목록화 작업을 진행하고 있으며 2025년 하반기를 넘어 그들이 운영하는 〈한국 예술 디지털 아카이브〉*에 음원을 공개할 예정이라고 한다.

아르코예술기록원은 1986년 고전음악감상실 '르네상스'를 운영하였던 박용찬 선생으로부터 기증받은 유성기 음반 음원들을 '한국 유성기 음반 르네상스'라는 이름 아래 공개하고 있다. 거의 모든 국가 기관과 공공 기관들은 '저작권'이라는 변명 아래 가지고 있는 유성기 음반의 음원을 홈페이지 등에서 공개하지 않는다. 하지만 아르코예술기록원은 법적인 자문을 거쳐 전체 유성기 음반 274면 중 대부분의 음원들을 홈페이지에 공개하여 감상할 수 있다. 정말 귀중한 음원들을 바로 만날 수 있다. 이것이 국민들에 대한 서비스로 높이 평가하는 바이다.

● www.daarts.co.kr

아르코예술기록원
〈한국 유성기 음반 르네상스〉 사이트

밀양아리랑, 유성기 음반으로 듣다(1945년 이전)

1.26 1939년 파랑 치마
(신민요)

노래 이은파(Okeh 12260-B)

1939년 7월에 출반한 Okeh (12260-B)의 신민요 《파랑 치마》이다. 작시 조봉암, 작 · 편곡 박시춘, 반주 오케오케스트라, 가수 이은파가 부른다.

유튜브 〈은발촌〉 채널 /
C152: 이은파 가수가 부르는 신민요
'파랑 치마' 연주 시간: 3분 20초

가사

1. 파랑치마 긴 치마 한허리에 감기는
   일만설움 풀자고 궂은 비가 옵니다
   아리덩덕궁 쓰리덩덕궁 어쩔 수 없네
   파랑치마 젖는데도 어쩔 수 없네

(간주)

2. 살구나무 동리에 파랑치마 날리며
   화전 노래 대장구 부러지고 맙니다
   아리덩덕궁 쓰리덩덕궁 어쩔 수 없네
   장구채가 부러져도 어쩔 수 없네

(간주)

3. 열두 고개 아리랑 파랑치마 헤졌네
   정든 님은 한 번도 만나지도 못했네
   아리덩덕궁 쓰리덩덕궁 어쩔 수 없네
   오다가다 발병나도 어쩔 수 없네

(후주)

– 끝 –

필자가 '숨은 아리랑'으로 분류하고 있는 12곡 중 한 곡이다. 가사에 '아리랑'과 관련된 "아리덩덕꿍 쓰리덩덕꿍"과 "열두 고개 아리랑"이 나온다. 현재 밀양에서 토속적으로 부르고 있는 '밀양아리랑'의 가사 "아리당닥쿵, 쓰리당닥쿵"의 원형을 이 음반에서 찾을 수 있을 것 같아 소개하게 되었다. "아리당닥꿍", "쓰리당닥쿵" 가사가 어디에서 먼저 유래했는지는 좀 더 연구가 필요하다.

이은파 가수는 충북 단양 출생(혹은 경기 수원)으로 평안도 진남포로 이주하여 어린 시절을 보냈다. 1934년 빅터음반을 통해 데뷔한 후 Okeh사의 전속 가수로 활동하였으며 당시 대중 잡지 『삼천리』로부터 "아름다운 음성, 곱게 빼는 숨길, 신민요의 명인임에 틀림없다."라고 평가받았다. 일제 강점기 Taihei, Victor, OKeh 등에서 유행가, 대중 민요 등으로 100여 면의 음반을 취입하였고, 광복 이후에도 무대에 선 기록이 있다.

이 음원은 1992년 신나라레코드 출반의 《유성기로 듣던 가요사(1925~1945) 4집》(SYNCD-018: 7번곡)에 태평레코드 출반 '덩덕궁타령'(김영파 작사, 전기현 작곡, 이은파 노래)으로 수록되어 있으나 이는 오케레코드의 '파랑 치마'를 잘못 수록한 것이다. 실제 '덩덕꿍타령'(신민요)이라는 곡은 1996년 신나라레코드 출반의 《유성기로 듣던 불멸의 명가수》 전집 23 CD 중 11번 CD 이은파 편(SYNCD-133 17번곡)에 수록되어 있다. 이 곡은 1938년 출반 Okeh 12178, 박영호 작사, 문호월 작곡, 이은파 노래로 가사에는

이은파 가수
출처: 동국대학교
〈한국 유성기 음반〉 사이트

"아리덩덕궁"이나 "쓰리덩덕궁"이 나오지 않는 그냥 '덩덕궁타령'이다. 같은 CD의 19번 트랙에는 '파랑 치마' 곡이 수록되어 있다. 《유성기로 듣던 가요사(1925~1945) 4집》에 잘못 수록한 것을 《유성기로 듣던 불멸의 명가수 - 이은파 편》에서 확인할 수 있다.

이은파 노래의 '덩덕꿍타령'(17번곡)과 '파랑 치마'(19번곡)가 수록된 《유성기로 듣던 불멸의 명가수》 전집 23CD 중 11번 CD.

* 기록된 유성기 음반 해설서, 책과 유튜브에는 '덩덕궁타령', '덩덕꿍타령', '덩더 궁타령'으로, '스리덩덕꿍', '쓰리덩덕꿍' 등으로 나타나고 있어 원본에 표기한 대로 인용함.

밀양아리랑,
유성기 음반으로 듣다 (1945년 이전)

2장

MBC 채록
밀양아리랑 음원

MBC 채록
밀양아리랑 음원

1) MBC 《한국 민요 대전》 103장에 대하여

1987년 3월에 국내에서 최초의 국악 CD음반, 국악 제1집 《정악》이
SKC에서 출반된 이래, 현재까지 약 5,550여 매의 국악 음반°이 출반되
었다. 이는 매주 세 장의 국악 음반이 출반된 셈이니 대단한 일이다. 이
렇게 한 나라의 민족 음악이 줄기차게 출반되고 있는 사실을 필자는 '작

———
● www.gugakcd.kr 자료 기준

은 기적'이라 부른다. 그동안 많은 국악 음반이 국가 기관, 단체, 음반사에서 기획·제작되어 왔으나 지금은 거의 답보 상태이다. CD라는 음악 매체는 이미 사양 산업으로 접어들어, 이전처럼 국악 CD음반이 활발하게 출반되기는 불가능한 일이다.

1991년에 처음 출반된
《한국 민요 대전 – 제주도편 1》음반

지금까지 출반된 국악 음반 가운데 최고의 금자탑은 MBC에서 출반한《한국 민요 대전》이다. MBC 라디오는 1989년부터 1996년까지 전국 153개 시군, 1,010개 마을을 방문하여 토속 민요 17,697곡을 채록하였으며, 이 중에서 2,255곡을 발췌하여 1991년부터 순차적으로 103장의 음반을 출반하였다.

1991년 '제주도 편'(CD 10매)을 시작으로 '전라남도 편'(20매), '경상남도 편'(8매), '전라북도 편'(12매), '경상북도 편'(15매), '충청북도 편'(6매), '충청남도 편'(12매), '경기도 편'(8매), '강원도 편'(12매)의 총 103매를 1996년에 완반하였다. 별도의 두툼한 해설집에는 수록곡의 노랫말과 해설, 가창자 정보, 사진, 해당 지역의 지리 개관, 민요 개관이 포함되어 있고 많은 민요에는 악보가 수록되어 소중한 자료가 되고 있다. MBC는 비매품 한정반으로 500세트를 제작하여 국공립 도서관, 문화

관계 기관, 해외 연구 기관 등에 기증하였다.

이 음반은 도시화와 산업화가 급속히 진행되면서, 흔적 없이 사라질 위기에 있던 소리들을 고스란히 담은 것이다. 전국 방방곡곡에서 채록된 토속 민요로 누구든 고향의 소리가 그리울 때 들을 수 있는 '우리의 소리'이다. 수록한 곡 중 너무 긴 곡은 자료 가치에 있어서 손상이 없는 한도 내에서 자르고, 자주 반복이 되는 부분은 노래의 흐름에 무리가 없는 범위 내에서 자르고, 몇 가지 노래를 이어 부르는 것은 하나의 곡으로 수록하는 등 몇 가지 원칙을 가지고 편집을 완성한 것이다.

해설서에는 각 도 민요의 특징을 몇 분의 학자들이 서술하고, 군별로 지리 개관과 그 군의 민요 개관을 설명하고, 곡마다 녹음 일자, 녹음 장소, 가창자, 악보(일부), 가사, 주석, 곡 해설을 아주 상세하게 수록해 놓았다. 마지막에는 영문 초록과 색인도 첨부되어 있다.

MBC 라디오《우리의 소리를 찾아서》12장 중 CD 1

소량 제작한 이 귀중한 음반을 찾는 이가 많아 MBC가 2000년에 비매품인 103장의《한국 민요 대전》을 발췌하여《한국 민요 대전 1~12집 MBC 라디오 '우리의 소리를 찾아서'》라는 이름으로 12장을 판매용으로 출반하였다.

밀양아리랑, 유성기음반으로 듣다(1945년 이전)

여기에는 농요, 어로요, 기타 노동요, 장례 의식요, 세시 민요, 유흥 민요, 서사 민요의 일곱 개 부문으로 나누어 주옥같은 우리의 토속 민요 256곡을 담았다.

《한국 민요 대전》103장의 음반은 거의 구할 수 없지만, 고향의 소리, 기억의 소리를 들을 수 있는《우리의 소리를 찾아서》음반은 지금도 중고 음반 시장에서 구할 수 있다. 영어 해설도 잘 되어 있어 외국에 우리의 토속 민요를 알리는 데에도 유용하다.

MBC《한국 민요 대전》음반의 채록 및 음반 제작 작업의 책임자는 당시 MBC 라디오의 최상일 PD이다. 최상일 PD는 2002년에 책『우리의 소리를 찾아서』1, 2권을 출판하면서 부록 CD 2매에 56곡의 토속 민요를 담았다.

2002년 출판 최상일 PD의 『우리의 소리를 찾아서』1, 2권

MBC는 그들이 소유한 모든 토속 민요 음원과 관련 자료들을 서울시에 기증하여 지금은 돈화문 앞 서울우리소리박물관에 보관되어 있다. 기증 받은 음원들은 일반인들이 감상할 수 있게 시스템을 개발하여 서비스할 것으로 기대하는 바이다.

2) MBC가 채록한 '밀양아리랑' 음원에 대하여...

밀양은 경상남도에 속한다. MBC가 1994년 12월에 출반한 '경상남도 편' 8장에 담은 155곡의 민요는 1992년 1월부터 1993년 1월까지 경상도 마을 145곳에서 채록한 민요와 1984년부터 1988년까지 마산 MBC에서 녹음한 총 2,000여 곡의 민요에서 발췌한 것이다. 자료적 가치가 있는 민요 중에서 감상할 만한 민요, 음악적인 면과 문학적인 면을 고려하여 되도록 원형에 가까운 민요, 민요의 기능에 따른 다양한 민요, 같은 종류의 민요라 해도 지역이나 가창자에 따라 이색적인 민요를 선곡의 기준으로 삼았다고 한다.

MBC가 채록한 토속 민요 음원 17,697곡 가운데 '밀양아리랑'은 18곡이다. 경남 지역에서 채록한 '밀양아리랑'은 밀양 지역에서 채록한 4곡을 포함하여 8곡, 대구·경북 지역 5곡, 충북 지역 1곡, 경기 지역 1곡, 강원 지역 3곡이다. 그중 103장의 음반에 수록된 곡은 단 1곡(경상남도 편 CD 4의 4번곡(2.3장)이다. '밀양아리랑' 음원은 2000년에 판매용으로 출반한《한국 민요 대전 1~12집 MBC 라디오 '우리의 소리를 찾아서'》에

유흥 민요(CD 11의 5번곡)라는 이름 아래에 수록되기도 하였다.

생각 외로 명성에 비해 '밀양아리랑'의 채록이 미미한 것 같아 이전에 이 사업을 주도한 최상일 PD에게 사석에서 문의하니 "'밀양아리랑'은 워낙 유명해서 어딜가나 '밀양아리랑'을 부르는 이가 많았으나 부르는 곡들의 가사나 곡조가 비슷비슷하여 많이 채록하지 못했다."는 이야기를 들은 적이 있다.

한 곡은 CD에 남아 있지만 나머지 소중한 17곡은 들을 방법이 없다고 생각했는데 최상일 PD가 지금도 〈한국 민요 대전〉 사이트●를 운영하고 있다는 사실을 발견하였다. 여기에는 MBC가 채록한 엄청난 음원들을

418쪽의 《한국 민요 대전 - 경상남도 민요 해설집》, 1994년 12월 발행

자료들과 함께 감상할 수 있다. CD로 출반되지 않아 들을 수 없다고 생각했던 17곡의 '밀양아리랑'을 감상할 수 있는 것이다.

이 책에는 〈한국 민요 대전〉 사이트에 있는 '밀양아리랑' 음원을 QR코드로 만들어 음원을 감상할 수 있게 했다. 가사는 MBC가 채록한 것을 실제 듣고 조금 수정하였고 소리꾼과 소개글은 각 도 '민요 해설집'을 참고하였다.

● www.urisori.co.kr

 일러두기

- 이 글의 일부는 이전에 필자가 쓴 음반 소개 글에서 가져왔다.
- 본문의 지명은 채록 당시(1992~1995년)의 행정 구역이고 지역 소개글도 당시의 설명이다.
- 〈한국 민요 대전〉 사이트* 하단의 관련 사이트 중 '한국 민요 대전 원본 자료 사이트'를 클릭하여 '밀양아리랑'으로 검색하면 'Matching Pagenames'에서 19곡이 검색된다.
- MBC가 채록한 '밀양아리랑'은 검색으로는 19곡이 나오나 경북 예천군 예천읍 통명리(1993년 10월 6일 양옥교)에서 채록한 '아라리', '밀양아리랑' 음원은 감상이 불가능하여 18곡으로 설명하였다.

〈한국 민요 대전〉 사이트의 '밀양아리랑' 검색 결과물

- www.urisori.co.kr

2.1 밀양아리랑

채록 지역 1992년 경남 밀양군 산내면 송백2리

▶ 〈한국 민요 대전〉 원본 자료

밀양-0810 ┃ 경남 밀양군 산내면 송백2리 ┃ 밀양아리랑
1992. 2. 11 / 김경호(남, 63세)
연주 시간: 1분 58초

경남 밀양군 산내면 송백2리에 거주한 김경호(남, 당시 63세) 어르신이 혼자 부르는 '밀양아리랑'으로, 1992년 2월 11일에 채록되었다.

산내면은 밀양군의 북부에 위치하고 있으며, 송백2리는 마을에 큰 소나무 두 그루가 맞보고 있어 '양송정'이라고 부른다. 밀양의 명소인 얼음골 아래에 위치한 마을이다. 당시 가구 수는 100호로 인구는 350명 정도로 추산된다. 밀양 손 씨와 안동 손 씨가 인구의 반 이상을 차지하고 있다. 논농사와 더불어 비닐하우스에서 고추를 많이 생산하고 있으며 사과와 대추 농사가 주 수입원을 이룬다. 매년 정월 보름 새벽 다섯 시에 동네에 있는 당산나무 아래에서 당산제를 지내며 윷놀이를 즐겼다.

 가사

1. ... 아리 당닥궁 쓰리 당닥궁 아라리가 났네
   아리랑 어절시고 잘 넘어간다
   날 좀 보소 날 좀 보소 날 조꼼 보소
   동지섣달 꽃 본 듯이 날 좀 보소

2. 아리 당닥궁 쓰리 당닥궁 아라리가 났네
   아리랑 어절시고 잘 넘어간다
   남천강 굽이 쳐서 영남루를 감돌고
   중천에 뜬 달은 아랑각을 비춘다

3. 아리 당닥궁 쓰리 당닥궁 아라리가 났네
   아리랑 어절시고 잘 넘어간다
   옥양목 접저고리 연분홍치마
   열두번 죽어도 못 놓겠네

4. 아리 당닥궁 쓰리 당닥궁 아라리가 났네
   아리랑 어절시고 잘 넘어간다
   삼각산 만댕이 허리 안개 감돌고
   다리 망댕이 얹혀놓고 만단말가

   - 끝 -

2.2 노랫가락, 밀양아리랑

채록 지역 1992년 경남 밀양군 산내면 송백3리

▶ 〈한국 민요 대전〉 원본 자료

밀양-0711 ㅣ 경남 밀양군 산내면 송백3리 ㅣ 노랫가락, 밀양아리랑
1992. 2. 11 / 박동현(남, 59세), 김광술(남, 68세)
연주 시간: 2분 35초

경남 밀양군 산내면 송백3리에 거주한 박동현(남, 당시 59세), 김광술(남, 당시 68세) 어르신이 부르는 '노랫가락, 밀양아리랑' 연곡으로, 1992년 2월 11일에 채록되었다. 여러 분이 참여하고 있다.

산내면은 밀양군의 북부에 위치하고 있다.

가사

노랫가락

어허이요 노세 놉시다 저 젊어 놀아

너 늙고 내 정들면 못노도다

얼화라 니여라 못노니로라

너 늙고 내 병들면 못노리로다

밀양아리랑

아리아리랑 스리스리랑 아라리가 났네

아리랑 고개로 넘어간다

1. 남천강 굽이쳐서 영암루를 감돌고

   허공에 뜬 달은 아랑각을 비추네

   아리아리랑 스리스리랑 아라리가 났네

   아리랑 고개로 넘어간다

2. 날 좀 보소 날 좀 보소 날 좀 보소

   동지섣달 꽃본 듯이 날좀보소

   아리아리랑 스리스리랑 아라리가 났네

   아리랑 고개로 넘어간다

3. 정든님 오시는데 인사를 못해

   행주치마 입에 물고 입만 방긋

   아리아리랑 스리스리랑 아라리가 났네

   아리랑 고개로 넘어간다

4. 시월아 팔월달은 오모중천에 놀고

   우리야 청춘은 ???에서 논다

   아리아리랑 스리스리랑 아라리가 났네

   아리랑 고개로 넘어간다

   – 끝 –

2.3 밀양아리랑

채록 지역 경남 밀양군 하남읍 수산리 서편

▶ 〈한국 민요 대전〉 원본 자료

밀양-1003 | 경남 밀양군 하남읍 수산리 서편 | 밀양아리랑
1992. 2. 12 / 함연옥(남, 69세)
연주 시간: 2분 40초

경남 밀양군 하남읍 서편에 거주한 함연옥(남, 당시 69세) 어르신이 부르는 '밀양아리랑'으로, 1992년 2월 12일에 채록되었다. 장단을 직접 치면서 부르고 있으며 추임새도 나오고 마지막에 박수도 들을 수 있다. 이 '밀양아리랑'은 유일하게 MBC《한국 민요 대전 – 경상남도 편》CD 4의 4번곡으로 수록된 곡이다.

MBC 《한국 민요 대전 – 경상남도 편》 CD 4 앞뒷면

하남읍 수산리는 밀양군의 남부에 위치하고 있으며 수산은 면소재지
이다. 벽골제, 의림지와 함께 우리나라 신석기 시대 3대 저수지로 알려
진 수산제가 있다. 대구-부산간 국도가 면의 중앙을 통과하고 있고 밀
양과 창녕으로 통하는 지방도가 지나고 있어 교통이 편리하다. 서편에
는 90가구 270명이 거주하고 있으며 넓은 평야가 분포하고 있어 농업
이 발달하였다. 동짓달에 당산제를 지낸다.

 가사

1. 날 좀 보소 날 좀 보소 날 좀 보소
   동지섯달 꽃 본듯이 날 좀 보소
   아리아리랑 쓰리쓰리랑 아라리가 나네
   아리랑 고개를 넘어간다

2. 밀양의 영남루를 찾아로니
   아랑의 애화가 전해있네
   아리아리랑 쓰리쓰리랑 아라리가 나네
   아리랑 고개를 넘어간다

3. 칠보장 채색에 아랑각은
   아랑의 슬픔이 잠겨있네
   아리아리랑 쓰리쓰리랑 아라리가 나네
   아리랑 고개를 넘어간다

4. 칠보장 채색에 아랑각은
   아랑의 슬픔이 잠겨있네
   아리아리랑 쓰리쓰리랑 아라리가 나네
   아리랑 고개를 넘어간다

5. 칠보장 채색에 아랑각은
   아랑의 슬픔이 잠겨있네
   아리아리랑 쓰리쓰리랑 아라리가 나네
   아리랑 고개를 넘어간다

6. 와이리 좋노 와이리 좋노 와이리 좋노
   밀양의 영남루는 와이리 좋노
   아리둥딱궁 쓰리둥딱궁 아리리가 나네
   아리랑 고개를 넘어간다

   – 끝 –

곡 해설

전통적으로 잘 알려져 있는 '밀양아리랑' 그대로의 형식을 취하고 있어 대단히 경쾌한 느낌을 주는 노래이다. 여기에서는 북채 2개를 마주치면서 노래 부른다.

 함연옥(남, 1924년 5월 20일생)

일본에서 태어나 학교를 다니다 대구 봉산동으로 옮겼고 밀양으로 온 지는 30년 정도 되었다. 일본과 한국을 오가며 학교를 다녔고 일본인에게 미움을 받아 옥살이를 했다. 부인과의 사이에 1남 3녀를 두고 있으며 자식들은 모두 출가하고 부인과 함께 살고 있다. 대한불교협회 역술 감사로 일을 하였고 노래에 소질이 있어 여러 사람이 부르는 것을 듣고 박자와 리듬을 연구하여 '밀양아리랑'을 부르게 되었다고 한다.

유튜브 〈정창관의 아리랑 1〉 채널에서 감상할 수 있는 수산리 서편에서 채록한 '밀양아리랑'
연주 시간: 2분 37초

2.4 밀양아리랑

채록 지역 경남 밀양군 삼랑진읍 임천리 금곡

▶ 〈한국 민요 대전〉 원본 자료

밀양-1208 ┃ 경남 밀양군 삼랑진읍 임천리 금곡 ┃ 밀양아리랑
1992. 2. 12 / 정재복(남, 50세), 이용호(남, 53세)
연주 시간: 3분 58초

경남 밀양군 삼랑진읍 임천리 금곡에 거주한 정재복(남, 당시 50세), 이용호(남, 당시 53세) 어르신이 부르는 '밀양아리랑'으로, 1992년 2월 12일에 채록되었다. 씩씩하지만 느리게 부르고 있다.

삼랑진읍은 밀양의 동남부에 위치한 읍으로, 밀양강(응천강)이 낙동강 본류에 흘러들고 이곳까지 바닷물이 역류하여 세 갈래 물결이 일렁이는 나루라 하여 '삼랑진'이라 하였다.

MBC는 밀양의 8개 지역에서 토속 민요를 채록했지만, '밀양아리랑'은 4개

밀양아리랑, 유성기음반으로 듣다(1945년 이전)

지역에서만 채록되어 있다.

 가사

1. 날 좀 보소 날 좀 보소 날 좀 보소
   동지섣달 꽃 본듯이 날 좀 보소
   아리아리랑 쓰리쓰리랑 아라리가 났네
   아리랑 고개를 날 넘겨주소

   아리아리랑 쓰리쓰리랑 아라리가 났네
   아리랑 고개로 넘어간다

2. 산중에 귀물은 머루하고도 다랜데
   인간의 귀물은 처녀 총각이로다
   아리아리랑 쓰리쓰리랑 아라리가 났네
   아리랑 고개로 넘어간다

3. 오동나무 열매는 딸까닥 딸가닥 하구요
   큰애기 젖가슴은 몽실몽실 하다
   아리아리랑 쓰리쓰리랑 아라리가 났네
   아리랑 고개로 넘어간다

4. 석희야 백반은 쉴곳이 있고
   인간의 백발은 쉴곳이 없네
   아리아리랑 쓰리쓰리랑 아라리가 났네
   아리랑 고개로 넘어넘어간다

5. 서산에 지는 해는 지고 싶어 지고
   날을 두고 가는 님은 가고 싶어 가나
   아리아리랑 쓰리쓰리랑 아라리가 났네
   아리랑 고개로 넘어간다

6. 말은 가자고 구비를 지고
   저 임은 나를 잡고서 낙루를 하네
   아리아리랑 쓰리쓰리랑 아라리가 났네
   아리랑 고개로 날 넘겨주소 ......

   – 끝 –

2.5 밀양아리랑

채록 지역 경남 김해군 한림면 신천리 망천

▶ 〈한국 민요 대전〉 원본 자료

김해-0507 ㅣ 경남 김해군 한림면 신천리 망천 ㅣ 밀양아리랑
1992. 1. 31 / 김정식(남, 55세)
연주 시간: 1분 08초

경남 김해군 한림면 신천리 망천에 거주한 김정식(남, 당시 55세) 어르신
이 혼자 부르는 '밀양아리랑'으로, 1992년 1월 31일에 채록되었다. 1분 여
의 짧은 '밀양아리랑'이다.

　김해군 한림면은 김해군의 북쪽에 위치하고 있으며 북동쪽의 낙동강을
경계로 밀양군 하남읍과 접하고 있다. 해설서에는 언급이 없지만, 자연 취
락 부락이라고 불리는 지금의 망천 부락에서 채록한 것으로 추정된다.

가사   아리아리랑 쓰리쓰리랑 아라리가 났네
아리랑 고개를 날 넘겨주소

1. 날 좀 보소 날 좀 보소 날 좀 보소
   오동지 섣달 꽃 본듯이 날 좀 보소
   아리아리랑 쓰리쓰리랑 아라리가 났네
   아리랑 고개를 날 넘겨주소

2. 계골산 중놈아 종치지 마라
   품안에 든 임이 품 밖으로 간다
   아리아리랑 쓰리쓰리랑 아라리가 났네
   아리랑 고개로 날 넘겨주소

   – 끝 –

2.6 밀양아리랑

채록 지역 경남 함양군 함양읍 죽림리 시목

▶ 〈한국 민요 대전〉 원본 자료

함양-0113 ㅣ 경남 함양군 함양읍 죽림리 시목 ㅣ 밀양아리랑
1992. 3. 10 / 조분님(여, 49세)
연주 시간: 0분 30초

경남 함양군 함양읍 죽림리 시목에 거주한 조분님(여, 당시 49세) 어르신
이 혼자 짧게 부르는 '밀양아리랑'으로, 1992년 3월 10일에 채록되었다. 원
래는 '고지백이 노래'라고 했는데 '밀양아리랑' 곡조로 부르고 있어 MBC에
서 '밀양아리랑'으로 분류하였다.

함양군은 영호남 교통의 분기점으로 서북쪽은 전북 장수군과 남원군, 남
동쪽은 산청군, 남쪽은 하동군, 동북쪽은 거창군과 접하고 있다. 함양읍 죽
림리 시목은 감 '시' 자에 나목 '목' 자를 쓰며 마을 위에 있는 샘에서 좋은

돌감나무가 자랐기 때문에 '시목'으로 불렀다는 전설이 전해지고 있다. 현재도 감나무가 많으며 다른 이름으로 '감나무골'이라고 한다. 가장 먼저 마을을 이룬 것은 파평 윤 씨로, 당시에는 각 성이 어울려 23호 정도에 100여 명이 살고 있었다. 논농사를 중심으로 콩, 파, 고추 등을 재배하고 있다.

 가사

아롱아제 실롱아제 물건너아제
고지백이* 잘뺀다고 소문이 났다
아리아리랑 쓰리쓰리랑 아라리가 났네
아리랑 고개로 넘어간다

– 끝 –

• 나무둥치 썩은 것.

2.7 밀양아리랑

채록 지역 경남 함양군 마천면 삼정리 하정

▶ 〈한국 민요 대전〉 원본 자료

함양-0704 ㅣ 경남 함양군 마천면 삼정리 하정 ㅣ 나뭇짐나르는
소리-밀양아리랑
1992. 3. 13 / 유재문(남, 74세)
연주 시간: 0분 29초

경남 함양군 마천면 삼정리 하정에 거주한 유재문(남, 당시 74세) 어르신
이 짧게 부르는 '밀양아리랑'으로, 1992년 3월 13일에 채록되었다. MBC 자
료에는 '나뭇짐 나르는 소리-밀양아리랑'으로 기록되어 있는 것으로 보아
소리꾼이 '나뭇짐 나르는 소리'라고 불렀는데 곡조가 '밀양아리랑'이라 '나
뭇짐 나르는 소리-밀양아리랑'으로 병기한 것 같다.

함양군의 남쪽에 위치한 마천면에는 양정마을, 음정마을, 하정마을이 공
통으로 '정' 자가 들어가는데 이 세 개 마을을 통합하여 '삼정리'라 부른다.

대부분 700미터 이상의 산지로 구성되어 있다.

 가사

내가 잘나 네가 잘나 그 누가 잘나
은하통전 거절집어 제가 잘났지
아리아리랑 쓰리쓰리랑 아라리가 났네
에 아리랑 흥 – 아라리가 났네

– 끝 –

2.8 밀양아리랑

채록 지역 경남 진양군 집현면 장흥리 장흥

> ▶ 〈한국 민요 대전〉 원본 자료
>
> **진양-0209** ㅣ **경남 진양군 집현면 장흥리 장흥** ㅣ **밀양아리랑**
> 1992. 4. 15 / 강남림(여, 62세)
> 연주 시간: 0분 19초

경남 진양군 집현면 장흥리 장흥에 거주한 강남림(여, 당시 62세) 어르신이 혼자 아주 짧게 부르는 '밀양아리랑' 곡조로, 1992년 4월 15일에 채록되었다. 가사에는 '밀양아리랑' 후렴구가 보이지 않으나 곡조가 '밀양아리랑'이라 MBC에서 '밀양아리랑'으로 분류한 것 같다. 함양은 1792년에 연암 선생이 현감으로 부임하여 용추계곡 입구에 국내 최초의 물레방아를 제작하여 실용화하였다고 한다. 이 "함양 산천 물레방아" 가사가 진양군의 토속민요에 나타난 것이다. 아래 가사는 '함양아리랑'에도 나타나고 있다.

진양군은 경남의 남서부에 위치하여 진주시의 외곽을 이루고 있었으나 1995년에 진주시와 통합되었다. 해설서의 진양군에서 채록한 토속 민요는 90곡 정도이지만 장흥마을에서 채록한 민요에 대해서는 언급이 없다.

 가사

함양 산천 물레방아는 물을 안고 돌고
우리집의 우리님은 나를 안고 돈다

– 끝 –

2.9 밀양아리랑

채록 지역 대구직할시 달서구 성서 3동(갈산동)

> ▶ 〈한국 민요 대전〉 원본 자료
>
> 대구−0336 ㅣ 대구직할시 달서구 성서 3동(갈산동) ㅣ 밀양아리랑
> 1994. 2. 16 / 이도리
> 연주 시간: 0분 33초

대구직할시 달서구 성서 3동(갈산동)에 거주한 이도리(여, ?) 어르신이 혼자 짧게 부르는 '밀양아리랑'으로, 1994년 2월 16일에 채록되었다.

갈산마을(갈산동)은 약 200여 호의 큰 촌락이었으나 마을의 일부가 공단 부지로 편입되어 마을 규모가 작아졌다. 1981년 대구시로 편입되기 전에는 대부분의 주민이 농업에 종사하였다. 400년 전에 동래 정 씨가 처음 터를 잡고 주거하였으나 지금(1994년)은 각성바지로 150여 호가 살고 있다.

가사

날 좀 보소 날 좀 보소 날 좀 보소

동지섯달 꽃 본듯이 날 좀 보소

아리 아리랑 스리 스리랑 아라리가 났네

보리쪽쪽 낙낙우야 날 감치 마라

아리같은 도매간다 사리실로 가자

– 끝 –

밀양아리랑, 유성기음반으로 듣다(1945년 이전)

2.10 밀양아리랑

채록 지역 경북 달성군 하빈면 현내2리

▶ 〈한국 민요 대전〉 원본 자료

달성–0526 ‖ 경북 달성군 하빈면 현내2리 ‖ 밀양아리랑
1994. 2. 18 / 김용덕 외
연주 시간: 0분 54초

경북 달성군 하빈면 현내2리에 거주한 김용덕(남, ?) 어르신이 부르는 '밀양아리랑'으로, 1994년 2월 18일 채록되었다. 옆에 있는 분이 거들고 있다.

달성군 하빈면은 신라 말에는 하빈현이 있었으며 옛날에는 대구 서문시장에 버금가는 큰 시장이 섰다고 하여 '장터'로 불렸다고 한다. 마을 안에는 새마을공장이 세워져 주민들의 소득 향상에도 도움을 주고 있으며 마을 앞에는 기름진 하빈(하천)이 펼쳐져 있다.

가사

1. 날 좀 보소 날 좀 보소 날 좀 보소
   동지섯달 꽃 본듯이 날 좀 보소
   아리아리랑 쓰리쓰리랑 아라리가 낫네
   아리랑 고개로 날 넘겨주소

2. 정든 임 오시는데 인사를 못 해
   행주치마 입에 물고 입만 방긋
   아리아리랑 쓰리쓰리랑 아라리가 낫네
   아리랑 고개로 날 넘겨주소

   – 끝 –

밀양아리랑, 유성기음반으로 듣다(1945년 이전)

2.11 밀양아리랑

채록 지역 경북 청도군 풍각면 차산리

> ● 〈한국 민요 대전〉 원본 자료
>
> **청도−0609 ∣ 경북 청도군 풍각면 차산리 ∣ 밀양아리랑**
> 1992. 12. 10 / 가: 김오동, 나: 그 외 다수
> 연주 시간: 1분 51초

경북 청도군 풍각면 차산리에 거주한 김오동(남, 당시 70세) 외 여러 어르신이 부르는 '밀양아리랑'으로, 1992년 12월 10일에 채록되었다.

청도군 차산리는 신라 고촌으로 옛날 한 지관이 마을 건너편 산이 마치 수레와 같이 생겼다고 하여 '차산'이라 불렀던 것이 마을 이름이 되었다. 차산리는 사방이 산으로 둘러싸여 120여 가구가 농사에 의존하는 전형적인 농촌으로 민속이 많이 존재하는 마을이다. 이곳의 차산 농악은 경북 지역의 대표적인 농악 중 하나로 알려져 있다.

가사

1. 날 좀 보소 날 좀 보소 날 좀 보소
   동짓섣달 꽃 본듯이 날 쪼금 봐라
   아리아리랑 쓰리쓰 리랑 아라리가 났네
   아리랑 고개로 날 넘겨주소

2. 숫돌이 좋아서 낫갈러 왔나
   처녀가 있어서 선보러 왔지
   아리아리랑 쓰리쓰리랑 아라리가 났네
   아리랑 고개로 날 넘겨주소

3. 내따라 갈래 내따라 갈래 나따라 갈래
   단지밥을 해먹어도 내따라 갈래
   아리아리랑 쓰리쓰리랑 아라리가 났네 –
   아리랑 고개로 날 넘겨주소

4. 정든 님이 오시는데 인사를 못해도
   행주처마 입에 물고 입만 방긋한다
   아리아리랑 쓰리쓰리랑 아라리가 났네
   아리랑 고개로 날 넘겨주소

   – 끝 –

밀양아리랑, 유성기음반으로 듣다(1945년 이전)

2.12 밀양아리랑

채록 지역 경북 봉화군 물야면 개단2리 결단

▶ 〈한국 민요 대전〉 원본 자료

봉화-0812 ㅣ 경북 봉화군 물야면 개단2리 결단 ㅣ 밀양아리랑

1993. 3. 26 / 여동잔

연주 시간: 0분 46초

경북 봉화군 물야면 개단2리 결단에 거주한 여동잔(남, ?) 어르신이 혼자 짧게 부르는 '밀양아리랑'으로, 1993년 3월 26일에 채록되었다.

결단마을은 문수산 중턱에 있는 절이 소유한 토지가 많은 곳이어서 절 땅으로 불렸다. 이 절 땅이 '절단'으로 와음 되었는데 이를 한문으로 표기하다 보니 '결단'이 되었다. 이 마을에는 47호 140여 명이 살고 있으며 산간마을로 교통이 불편한 오지이다. 마을 주민들은 약초 재배를 많이 하고 있으며 1973년까지 당제를 지냈으나 현재는 지내지 않는다.

가사

1. 날 좀 보소 날 좀 보소 날 쪼끔 보소
   동지섯달 꽃 본듯이 날 좀 보소
   아리아리랑 스리스리랑 아라리가 낫네요
   아리랑 고개로 나를 넘겨주소

2. 영 글럿네 영 글럿네 영 글럿네요
   가마 타고 시집 가기는 영 글럿네

   – 끝 –

2.13 밀양아리랑

채록 지역 경북 울릉군 서면 남양2리

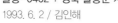

▶ 〈한국 민요 대전〉 원본 자료

울릉-0402 ⏐ 경북 울릉군 서면 남양2리 ⏐ 밀양아리랑
1993. 6. 2 / 김인해
연주 시간: 0분 44초

경북 울릉군 서면 남양2리에 거주한 김인해(남, ?) 어르신이 혼자 짧게 부르는 '밀양아리랑'으로, 1993년 6월 2일에 채록되었다.

울릉군은 1읍 2면으로 1994년말 인구는 11,423명이다. 울릉군에서 채록한 민요는 강원도와 경상도 소리로 8개 마을에서 84곡을 채록하였는데 '밀양아리랑'이 1곡 포함되어 있다. 해설서에는 채록한 서면 남양2리에 대한 언급은 없다.

가사

1. 아리아리랑 쓰리쓰리랑 아라리가 났네
   아리랑 고개로 날 넘겨주소
   정든 님 오셨는데 인사를 못해
   행주치마 입에 물고 입만 방긋

   아리아리랑 쓰리쓰리랑 아라리가 났네
   아리랑 고개로 날 넘겨주소

   – 끝 –

(필자가 채록함.)

2.14 밀양아리랑

채록 지역 충북 진천군 만승면 죽현리

▶ 〈한국 민요 대전〉 원본 자료

진천-0309 ㅣ **충북 진천군 만승면 죽현리** ㅣ **밀양아리랑**
1993. 9. 23 / 신병렬(남, 1919)
연주 시간: 0분 40초

충북 진천군 만승면 죽현리에 거주한 신병렬(남, 당시 75세) 어르신이 혼자 짧게 부르는 '밀양아리랑'으로, 1993년 9월 23일에 채록되었다. 충청남북도를 통틀어 유일한 '밀양아리랑'이다.

진천군은 충청북도 서북쪽에 위치하고 있고, 만승면은 진천군의 북부에 위치하고 있으며, 2000년에 광혜원면으로 개칭되었다. 진천군에서는 5개 마을에서 57곡을 채록하였는데 '밀양아리랑'이 1곡 남아 있다. 해설서에는 채록한 만승면 죽현리에 대한 언급은 없다.

가사

아리아리랑 쓰리쓰리랑 아라리가 났네

아리랑 고개루 나를 넴겨주소

낙동강 굽이굽이 아랑루를 감돌고

공상명월 저달은 아랑각을 비친다

아리아리랑 스리스리랑 아라리가 났네

아리랑 고개로 넘어간다

– 끝 –

2.15 밀양아리랑

채록 지역 경기 이천군 설성면 신필2리

▶ 〈한국 민요 대전〉 원본 자료

이천-0607 ㅣ 경기 이천군 설성면 신필2리 ㅣ 밀양아리랑
1993. 6. 25 / 원장분(여, 71세)
연주 시간: 0분 47초

경기 이천군 설성면 신필2리에 거주한 원장분(여, 당시 71세) 어르신이 혼자 짧게 부르는 '밀양아리랑'으로, 1993년 6월 25일에 채록되었다. 경기도에서 채록한 유일한 '밀양아리랑'이다.

　이천군 설성면은 신필1리와 2리로 나뉘어 있는데 마을은 설성산으로 둘러싸여 있다. 현재의 지명은 설성(雪星)이나 예전에는 설성(雪城)이라고 하였는데 이는 후삼국 시대에 성을 쌓으려고 마련해 둔 자리에 서리가 쌓여 있었다 하여 붙여진 이름이다. 2리에서는 양축업자가 많아 닭, 소, 돼지 등을 사육하는 집이

12가구 정도 된다. 그리고 힘 센 장사들이 많아 씨름이 유명했으나 6·25를 기점으로 사라졌다.

 가사   아리아리랑 쓰리쓰리랑 아라리가 났네
아리랑 고개루 넘어간다

정든 님이 오셨는데 인사를 못해
행주초마 입에 물고 입만 방긋

아리아리랑 쓰리쓰리랑 아라리가 났네
아리랑 고개루 넘어간다

– 끝 –

2.16 밀양아리랑 외

채록 지역 강원 양양군 강현면 간곡리 샛말

> ● 〈한국 민요 대전〉 원본 자료
>
> 양양-0108 ㅣ 강원 양양군 강현면 간곡리 샛말 ㅣ 모심는소리-
> 밀양아리랑, 박연폭포
> 1994. 11. 22 / 최호수(남, 57세)
> 연주 시간: 1분 09초

강원 양양군 강현면 간곡리 샛말에 거주한 최호수(남, 당시 57세) 어르신
이 혼자 짧게 부르는 '밀양아리랑'으로, 1994년 11월 22일에 채록되었다.
'박연폭포'를 연이어 부르는데 MBC 자료에는 '모심는 소리-밀양아리랑,
박연폭포'로 기록되어 있다.

양양군 강현면 간곡리는 둔전리와 석교리 사이에 위치해 있어서 사잇말
(샛말)이라 한다. 많이 거주할 때는 간곡리 54가구 중 53가구가 경주 최 씨
집성촌이었다. 장수 마을로 부촌이었으나 석교리 사람들이 많이 이주해 와

석교리 사람들이 증가하고 있다고 한다. 현재(1994년)는 20가구에 70~80명이 살고 있는데 경주 최 씨는 15가구이다.

 가사

밀양아리랑

아리아리랑 스리스리랑 아라리가 났네
아리랑 고개를 날 넘겨주소

정든 님이 오셨는데 인사를 못해
행주치마 입에 물고 입만 방긋

아리아리랑 스리스리랑 아라리가 났네
아리랑 고개로 날 넘겨주소

박연폭포

박연폭포 흘러나니 모른 봄 산아 저물어 감돌아 든다
에헹 에헤이여 에헹대로와 좋구 좋다
어러러마 기여라 이것이 사랑이로다

– 끝 –

2.17 밀양아리랑

채록 지역 강원 철원군 철원읍 월하리

▶ 〈한국 민요 대전〉 원본 자료

철원-0507 ┃ 강원 철원군 철원읍 월하리 ┃ 밀양아리랑
1995. 1. 23 / 가: 김복태(남, 59세), 나: 장수도(남, 74세)
연주 시간: 3분 26초

강원 철원군 철원읍 월하리에 거주한 김복태(남, 당시 59세, 가) 어르신과 장수도(남, 당시 74세, 나) 어르신이 번갈아 부르는 '밀양아리랑'으로, 1995년 1월 23일에 채록되었다. 채록한 '밀양아리랑' 중 긴 '밀양아리랑'이다.

철원군은 7개 읍, 면으로 6·25 전쟁으로 인해 현재 토박이는 30% 정도라고 한다. 철원군에서 채록한 민요는 13개 마을 199곡인데 비교적 긴 '밀양아리랑'이 1곡 포함되어 있다. 해설서에는 채록한 철원읍 월하리에 대한 언급은 없다.

가사

1-가. ... 아라리가 났네 아리랑 고개로 넘어간다
　　　　정든님은 오셨는데 인사를 못해
　　　　처마자락 입에 물고 입만 방긋
　　　　아리아리랑 쓰리쓰리랑 아라리가 났네
　　　　아리랑 고개루 넘어간다

2-나. 날 좀 보소 날 좀 보소 날 좀 보소
　　　　동짓섣달 꽃 본듯이 날 좀 보소
　　　　아리아리랑 쓰리쓰리랑 아라리가 났구나
　　　　아리랑 고개고개루 날 넘어간다

3-가. 이북의 인민군은 말마차만 끄는데
　　　　한국에 한국군은 양키차만 몬다네
　　　　아리아리랑 쓰리쓰리랑 아라리가 났네
　　　　아리랑 고개고개루 넘어간다

4-나. 담 넘어 가다가 호박넝출이 거려서
　　　　육개월 징역에 콩밥만 먹었네
　　　　아리아리랑 쓰리쓰리랑 아라리가 났네
　　　　아리랑 고개고개루 넘어간다

5-가. 영 글렀네 영 글렀어 영 글렀네
　　　　가마타고 시집가기는 영 글렀네
　　　　아리아리랑 쓰리쓰리랑 아라리가 났네
　　　　아리랑 고개로 넘어간다

　밀양아리랑, 유성기음반으로 듣다(1945년 이전)

6-나. 영감은 죽어서 맘이 심란한데

속 없는 요내요자식 왜 날 졸라

아리아리랑 쓰리쓰리랑 아라리가 났구나

아리랑 고개고개루 날 넘어간다

7-가. 이 손자야 무 손자야 탄식을 마라

부귀와 빈천은 돌구 돈다

아리아리랑 쓰리쓰리랑 아라리가 났네

아리랑 고개로 넘어간다

8-나. 노랑추 대강레 배차뿌리 상투

웅동구 사달라고 날 졸른다

아리아리랑 쓰리쓰리랑 아라리가 났구나

아리랑 고개루 넘어가네

– 끝 –

2.18 밀양아리랑

채록 지역 강원 홍천군 화촌면 성산2리

▶ 〈한국 민요 대전〉 원본 자료

홍천-0408 | 강원 홍천군 화촌면 성산2리 | 밀양아리랑
1994. 3. 19 / 남자
연주 시간: 3분 31초

강원 홍천군 화촌면 성산2리에 거주한 허정봉(남, 당시 73세)* 어르신이 차분하게 혼자 길게 부르는 '밀양아리랑'으로, 1994년 3월 19일에 채록되었다.

홍천군은 1읍, 9면으로, 채록한 민요는 14개 마을 118곡인데 긴 '밀양아리랑'이 1곡 포함되어 있다. 해설서에는 채록한 화촌면 성산2리에 대한 언급은 없다. "놀다가 죽어도 원통한데 일을 하다 죽어 지면은 더 할 말이 있나", "앞집에

● 〈한국 민요 대전〉 사이트의 DAT 자료에 가창자는 허정봉 어르신으로 기록되어 있음.

처녀는 시집을 가는데 뒷집에 김 도령은 목 매달러 간다"라는 가사가 정겹다.

 가사

1. 만나보세 만나보세 또 만나보세
   아주까리 정자로 만나보세
   아리아리랑 스리스리랑 아라리가 났구나
   아리랑 고개로 넘어간다

2. 일 글럿네 영 글럿네 일 글럿네
   삼호 쓰고 장가 가기는 영 글렀구나
   아리 아리랑 스리 스리랑 아라리가 났네
   아리랑 고개로 넘어가세

3. 날 좀 보소 날 좀 보소 날 좀 보소
   동지섯달 꽃 본듯이 날 좀 보소
   아리아리랑 스리스리랑 아라리가 났네
   아리랑 고개로 나를 넘겨주소

4. 놀다가 죽어도 원통한데
   일을 하다 죽어 지면은 더 할 말이 있나
   아리아리랑 스리스리랑 아라리가 났네
   아리랑 고개로 넘어간다

5. 앞 집에 처녀는 시집을 가는데
   뒷 집에 김 도령은 목 매달러 간다

아리아리랑 스리스리랑 아라리가 났네
아리랑 고개로 넘어간다

6. 수수밭 도지는 내가 물어 줄께
   구시월 까진만 참어 주오
   아리아리랑 스리스리랑 아라리가 났네
   아리랑 고개로 넘어간다

7. 담 넘어 올 적엔 큰 맘을 먹고
   문 고릴 잡고서 발발 떠네
   아리아리랑 스리스리랑 아라리가 났네
   아리랑 고개로 넘어간다

8. 문 고릴 잡고서 떨지를 말고
   숨 소릴 간고서 들어를 오게
   아리아리랑 스리스리랑 아라리가 났네
   아리랑 고개로 넘어간다

– 끝 –

밀양아리랑, 유성기음반으로 듣다(1945년 이전)

참고 문헌

- 한국고음반연구회 간행 『한국 음반학』, 한국고음반연구회.
- 배연형, 『한국 유성기 음반 1~5권』, 한걸음 더, 2011.
- 배연형, 『한국 유성기 음반 문화사』, 지성사, 2019.
- 정창관, 『우리가 몰랐던 국악음반 이야기』, 스코어, 2020.

관련 사이트

- 유튜브 〈정창관의 아리랑 1〉 채널
- 인터넷 〈한국 민요 대전〉 사이트
- 동국대학교 한국음반아카이브연구소 〈한국 유성기 음반〉 사이트